경제는
감정으로
움직인다

경제는 감정으로 움직인다

마테오 모텔리니 지음 | 김정환 옮김

북스넛
Booksnut

경제는 당신의 선택의 문제다

우리는 그릇된 판단으로 경제적인 손해를 보는 경우가 적지 않다. 만화《피너츠》에서 찰리 브라운은 짝사랑 상대인 빨간 머리 소녀만 만나면 갑자기 몽롱해지며 사고가 멈춰버리는데, 우리의 머리도 '열이 올라서 그렇게 몽롱해질' 때가 종종 있다. 돈을 절약하거나 쓰거나 투자하는 상황이 되면 우리 두뇌는 경제학 책에 자주 등장하는 수학적 모델처럼 '효용을 최대화하는' 합리적인 계산을 못하게 된다. 아니, 정확히는 단순히 합리적인 계산을 못하는 정도에서 그치지 않는다. 우리가 어디를 가든 머릿속에 넣어 다니는 특제 컴퓨터는 지독하게 느리고 기억력은 도움이 되지 않는 수준이며 우리의 상상 이상으로 결함투성이인 프로세서를 장착하고 있다. 그뿐만이 아니다. 우리는 일상생활 속에서 기쁨, 불안, 분노, 선망, 시샘, 불쾌감 같은 다양한 감정을 체험하는데, 무엇인가를 결정하는 상황이 되면 그런 감정들이 불쑥 튀어나와 합리적인 계산과는 전혀 다른 결론을 내도록 압박한다.

그러나 걱정할 필요는 없다. 이런 사실을 충분히 자각하고 있으면 된다. 그리고 이것을 자각하는 가장 좋은 방법은 실제로 실험을 해 보는 것인데, 이 책에는 이를 위한 테스트가 다수 수록되어 있다. 이 책에 있는 간단한 실험들과 구체적인 사례, 테스트와 문제, 퍼즐에는 우리가 경제상의 선택을 할 때 매일같이 체험하는 모순과 실패 사례가 가득하다. 그런 실례를 자신의 경우와 비교해 보면 우리 자신이 어떻게 만들어져 있고 어떤 인지 과정을 거치며 뇌가 어떤 활동을 하는지 이해할 수 있을 것이다. 이것을 이해하는 목적은 당연히 뇌를 좀 더 지혜롭게 사용하는 방법을 익히기 위함이다. 그 방법을 습득한다면 판단력이 강화되어 하나의 경제 주체로서도 좀 더 현명해질 것이기 때문이다.

우리가 저지르는 오류 중에는 결코 특별한 오류가 아니라 오히려 그러는 편이 더 정상적이라고 할 수 있는 것도 있다. 그런 오류에는 규칙 같은 것이 있으므로 일단 정체를 파악하면 두 번 다시 같은 오류를 범하지 않을 수 있다. 예를 들어 왜 월급을 쓸 때와 보너스를 쓸 때의 마음가짐이 다르냐는 문제가 있는데, Part 1에서 살펴 보듯이 우리는 같은 금액에 다른 화폐 가치를 부여하는 경향이 있다. 요컨대 '머릿속에서 분류해서 계산하는' 습관이 있다는 말이다. 그 돈이 주머니에 어떻게 들어왔다가 어떻게 빠져나가는가에 따라 화폐 가치가 달라지는 것이다.

이런 부류의 오류는 누구나 저지르기 쉽다. 눈의 착각처럼 가짜가 진짜처럼 보이는 이러한 오류는 눈의 착각이든 인지상의 착각이든 무의식속에서 지극히 자연스럽게 일어난다. 우리는 그런 착각을 근거로 그 자리에서 직감적으로 상황을 판단하는데, 이 때문에 신중함을 잃고 그릇된 판단을 하고 만다. 완전히 똑같은 조건이 제시되어도 그것을 어떻게 해석하느냐, 혹은 어떤 식으로 제시되느냐에 따라 우리는 정반대의 선택을 한다. 예를 들면 지방분 5퍼센트인 요구르트보다 무지방분 95퍼센트인 요구르트가 더 좋다고 생각하고, 울 20퍼센트를 혼방한 캐시미어 스웨터보다 캐시미어 80퍼센트가 들어간 스웨터를 선호한다. 이와 마찬가지로 리스크를 눈앞에 뒀을 때도 그것이 가져올 이익이나 손실에 대해 명백히 다른 반응을 한다. 이익이 가져올 기쁨보다 손실이 가져올 아픔에 훨씬 강하게 반응하기 때문에 그 아픔을 피하려고 상상도 못할 행동을 한다. 자학적으로 생각될 만큼 위험한 도박에 너무나 대담하게 나서는 것이다.

우리는 매일 망설이면서 살아가며, 그런 가운데 매일 무엇인가를 결정해야 한다. 그런데 설령 금융업 전문가나 의사라고 해도 그 결정이 최선인지 아닌지는 알지 못한다. Part 2에서 살펴 보듯이 우리가 리스크를 파악하는 방식은 한 가지가 아니다. 데이터나 확률, 퍼센티지, 통계 등을 읽는 방식에서도 많은 영향을 받는다. 숫자는 냉정하고 객관적인 것이 아니라 감정에 따라 다른 색으로 채색되기 때문에 여기에서 놀랄 만큼 비합리적인 결과가 튀어나온다. 더욱 골치 아픈 문제는 우리 자신이 알지도 못하는 것을 알고 있다고 착각하며 실제 이상의 역량이나 능력을 지니고 있다고 믿는다는 점이다. 요컨대 나르시시즘이 강하다. 실패했을 때는 불운의 탓으로 돌리고, 성공하면 전부 자신의 역량 덕분이라고 생각한다. 보고 싶은 것만 바라보며, 자세히 들여다보면 명백히 사실과 다르더라도 자신의 신념과 편견을 버리지 못한다.

인간이 어떤 결정을 내리기까지의 프로세스에 관해서는 인지심리학, 신경과학, 실험경제학 등의 분야에서 놀랄 만큼 연구가 진행되어 왔다. 그리고 이런 연구에서 명확해진 사실은 단순히 인간은 경제 이론처럼 항상 최대의 이익을 이끌어낼 수 있는가를 염두에 두고 결정을 내리지는 않는다는 것이다. 대체 어떤 이유에서, 어떤 식으로 비합리적인 결정을 하게 되느냐는 메커니즘도 명확해졌다. 그런 의미에서 볼 때, 대니얼 카너먼*이라는 한 심리학자가 경제학의 분야에서 노벨상을 받은 것은 그야말로 획기적인 사건이었다.

우리의 머리는 과열되기 쉽지만, 아무리 어리석더라도 행동에는 그 나름의 논리가 있다. 우리가 저지르는 오류는 누구나 반복할 가능성이 높으며 심지어 사전에 알 수 있는 것들이다. 요컨대 수학과는 별도의 논리가 작용하며, 수학 만큼의 규칙성이 있는 것은 아니지만 부인할 수 없

---

*대니얼 카너먼 Daniel Kahneman   프린스턴 대학 심리학 교수. 1934년에 이스라엘의 텔아비브에서 태어났다. 1970년대 후반부터 1980년대 전반에 걸쳐 경제학자인 아모스 트버스키(Amos Nathan Tversky, 1937~1996)와 함께 수많은 실험을 실시해 현실의 인간이 불확실성이 있는 상황에서는 반드시 합리적인 의사 결정을 하지는 않으며 '어떤 규칙'에 따라 전통적인 경제학의 이론에서 벗어남을 실증하고, '기대 효용 이론'을 대신해 '전망 이론'을 제창했다. 이것은 '행동 경제학'이라는 새로운 분야가 탄생하는 계기가 되었으며, 주식 시장에서의 투자 심리 분석, 행동 재무 이론의 기초를 닦았다. '심리학적 연구를 경제학에 도입한' 업적을 인정받아 2002년 노벨상을 수상했다.

는 정신적인Heuristic 과정이 있음이 수많은 훌륭한 실험을 통해 명백해졌다. 수많은 실험들에서 일련의 '경제학적 오류(혹은 호러)'의 정체가 드러났는데, 그것은 일종의 '무의식의 인지'를 통해 설명할 수 있다. 우리는 무의식의 인지라는 필터를 통해 상황에 대한 반응을 결정하는 것이다.

이것은 Part 3에서 이야기할 뇌와 신경생물학 분야의 합리성에 관한 일련의 연구를 통해 밝혀졌다. 이 분야에서는 보통 뇌의 활동을 모니터로 표시하는 장치를 사용한다. 연구에 따르면 우리는 무의식적인 조작과 제어 가능한 조작 사이, 정서와 인지 사이, 알기 쉽게 말하면 감정과 이성 사이에서 끊임없이 거래를 하고 관련된 뇌 부위의 시냅스의 활동에도 좌우되면서 다양한 선택을 한다. 그러나 이 두 가지는 서로 으르렁대는 일이 많으며, 이 때문에 인식의 함정에 빠져 비합리적인 선택을 할 때가 적지 않다. 그리고 그럴 때면 골칫거리인 쪽이 더 적극적으로 나서서 울고불고 난리를 피워 차분하게 생각하지 못하도록 방해한다. 다이어트를 해야 하는데 빵에 크림을 듬뿍 바를 때가 그런 경우다. 위장의 욕구를 이기지 못하고 잠깐의 쾌락을 맛보기 위해 장래의 건강을 잠시 외면하고 만다. 그러나 우리의 내부에 살고 있는 옹졸한 자아가 선택을 방해만 하는 것은 아니다. 사실 적절한 선택을 하기 위해서는 해야 할 일을 '알고 있으면서' 자신이 그것을 '이해해야' 하기 때문이다. 합리성이라는 기계가 제대로 기능하려면 그것을 응원하는 감정이라는 특수한 조수가 필요하다는 말이다.

우리의 머리가 숙고나 심려 같은 과정만 거치도록 만들어져 있고 뇌가 전두전야 피질 파충류나 다른 포유류와 인간을 구별 짓는 부분으로, 고등 인지 활동의 기지가 이곳에 있다 로만 구성되어 있다면 우리는 기존 경제학의 주장처럼 합리적인 선택을 할 것이다. 그러나 만약 그렇다면 우리는 지구에 사는 주민이 아니라 외계인이나 다름없지 않을까? 아니면 수학적 능력은 뛰어나지만 감정은 느끼지 못하는 귀가 뾰족한 화성인과 같은 존재일 것이다. 텔레비전 드라마 시리즈인 '스타트랙'에 등장하는 스폭 박사처럼 말이다. 그러나 다행히도 인생은 텔레비전 화면에 전부 담을 수 있는 것이 아니며, 우리가 다룰 '감정이 지배하는 경제학'은 지금까지의 경제학이 주장하던 내용보다 훨씬 풍부하고 다채로우며 생기가 넘치고 교묘하면서 색다르며 상상력이 풍부하고 재미있다. 따분한 내용은 없다. 끝까지 읽는다면 이 말을 이해할 수 있을 것이다.

다넨테 Dagnente에서
마테오 모텔리니

목차

당신이 휘둘리는 이유

우리의 머릿속에 있는 돈은 명확하게 정해진 절대적이고 추상적인 존재가 아니다. 우리는 돈에 상대인 가치를 부여하고 경험이나 감정에 따라 채색을 한다. 한동안 입지 않았던 옷옷의 주머니에서 우연히 발견한 보너스 같은 돈과 열심히 땀을 흘려서 번 돈이 똑같다고는 생각하지 못하며, 따라서 똑같이 쓰지도 못한다.

1

우리의 머리는
이렇게 계산한다

1만 원이 항상 1만 원이라는 보장은 없다

우리는 유달리 돈에 관해서는 액수가 크든 작든 신중에 신중을 기하며 생각하는데, 그럼에도 무의식중에 모순된 판단을 내릴 때가 적지 않다. 우리의 머릿속에 있는 장부는 겉으로 보기만큼 확실하지가 않아서, 하나의 거래를 두고도 매우 다양한 해석을 내린다. 개중에는 독특한 해석도 있지만, 도저히 수긍할 수 없는 해석을 부여하는 경우도 종종 있다.

그 일례를 보자.

오늘은 토요일이고 당신이 좋아하는 오페라 공연이 있는 날이다.
당신은 들뜬 마음으로 극장을 향했다. 그런데 입구 근처에 왔을 때 미리 사 두었던 20만 원이나 하는 입장권을 잃어버렸음을 깨달았다.
자, 당신은 어떻게 하겠는가? 입장권을 다시 사겠는가?
(오페라를 싫어한다면 좋아하는 스포츠 경기여도 상관없다.)

자, 이제 질문을 바꿔보자. 설정은 동일하며, 지금 당신은 극장 입구에 있다. 다만 이번에 잃어버린 것은 입장권이 아니다. 입장권은 아직 사지 않았는데, 주머니에 넣어 두었던 20만 원이 어디로 갔는지 도저히 찾을 수가 없다.

당신은 어떻게 하겠는가? 입장권을 사겠는가?

이런 종류의 질문을 받았을 때, 대부분의 사람은 첫 번째 질문의 경우 입장권을 다시 사지 않는다고 대답하고 두 번째 질문의 경우 입장권을 산다고 대답한다. 그러나 경제적 관점에서 엄밀히 바라보면 사실 두 고민의 내용은 완전히 똑같다. 양쪽 모두 20만 원을 손해 본 상황이며, 오페라를 볼 것인가 보지 않을 것인가에 대한 고민이다. 그렇다면 왜 똑같은 고민에 정반대의 대답이 나오는 것일까?

다음 질문으로 넘어가자.

지금은 크리스마스 세일이 한창이다. 당신은 전부터 점찍어 놓았던 신발을 사려고 가게에 들어갔다. 가게에 진열된 신발의 가격은 9만 원이었다. 그래서 그 신발을 계산대로 가지고 가려고 하는데, 친구가 "10분만 걸어가면 다른 가게에서 같은 제품을 8만 원에 살 수 있어."라고 귀띔해 줬다. 자, 당신은 어떻게 하겠는가? 더 싸게 파는 가게로 가겠는가?

다음 질문이다. 설정은 동일하다. 다만 이번에는 신발이 아니라 텔레비전을 점찍어 놓았다고 가정하자. 어느 가게에서 발견한 그 텔레비전의 가격표에는 199만 원이라는 가격이 적혀 있었다. 그런데 친구가 다가와 "10분만 걸어가면 다른 가게에서 같은 상품을 198만 원에 살 수 있어."라고 속삭였다.

자, 당신은 어떻게 하겠는가? 더 싸게 파는 가게로 달려가겠는가?

대부분의 사람이 첫 번째 질문에는 "그렇다."라고 대답하고 두 번째 질문에는 "아니다."라고 대답한다. 즉, 많은 사람의 경우 돈이 언제나 같은 가치를 지니는 것은 아니라는 말이다.

이것은 경우에 따라 돈이 지닌 가치가 달라진다는 의미인데, 지금 든 예에서 기본적인 상황은 똑같다. 두 경우 모두 10분만 걸어가면 1만 원을 절약할 수 있다. 그러나 신발이 1만 원 싼 것과 텔레비전이 1만 원 싼 것은 커다란 차이가 있다. 1만 원은 언제나 1만 원일 터인데 왜 달라지는 것일까? 대체 어떤 원리가 숨어 있는 것일까?

겉으로 보기에 우리는 누구나 돈을 여러 가지 부류로 나누고 그 출처나 모은 방식, 쓰는 법을 생각하면서 어떻게 다룰지 결정한다. 즉 우리는 모두 자기 나름대로 '머릿속에서 계산'을 하고 있다는 말이다. 그러나 그 계산을 할 때의 숫자는 학교에서 배운 숫자와는 비슷하면서도 다르다. 머리가 하는 계산을 살펴보면 우리가 어떻게 해서 상황에 따라 같은 액수의 돈에 다른 가치를 부여하고 모순된 선택을 하는지 잘 알 수 있다.

다시 앞의 예로 돌아가 보자. 먼저 오페라의 예다. 첫 번째(20만 원짜리 입장권을 잃어버린) 상황에서는 많은 사람이 이 손실을 오락의 부류(스트레스 해소를 위한 돈)에 넣으려 한다. 입장권을 잃어버렸으니 새로 사는 입장권은 추가 지출이 된다. 게다가 그 지출은 오락을 목적으로 한다. 따라서 오락을 위해 '합계 40만 원'씩이나 써도 되느냐는 문제가 된다. 단순한 오락을 위해 지출하기에는 쉽지 않은 금액이다. 그래서 많은 사람은 그런 큰돈을 지출할 바에는 극장에서의 즐거운 시간을 포기하자고 생각한다.

그러나 두 번째 상황은 그렇지 않다. 이 경우 '사용하지 않은' 20만 원의 손실과 입장료는 머릿속의 계산에서 서로 다른 두 부류에 속하게 된다. 그래서 많은 사람은 입장권을 사는 데 그다지 저항감을 느끼지 않는다. 오페라를 위해 사용하는 돈이 실제로는 20만 원뿐이라고 생각하면 충분히 수긍할 수 있다. 그와 같은 액수를 분실했다고 생각하면 기분이 우울하고 화도 나지만, 그렇다고 해서 폭발할 정도는 아니다. 어쨌든 두 가지는 별개의 부류에 속하기 때문이다.

한편 신발과 텔레비전의 예에서는 다른 가게로 갔을 경우에 절약할 수 있다고 생각되는 돈의 가치가 물건을 사기 위해 치르는 돈의 총액에 따라 달라진다. 9만 원에서 절약하는 1만 원이 199만 원에서 절약하는 1만 원보다 더 가치가 있다는 말이다.

요컨대 우리의 머릿속에 있는 돈은 명확하게 정해진 절대적이고 추상적인 존재가 아니다. 우리는 돈에 상대적인 가치를 부여하고 경험이나 감정에 따라 채색을 한다. 한동안 입지 않았던 웃옷의 주머니에서 우연히 발견한 보너스 같은 돈과 열심히 땀을 흘려서 번 돈이 똑같다고는 생각하지 못하며, 따라서 똑같이 쓰지도 못한다. 교과서를 사는 데 쓰는 돈, 스포츠 관람료, 극장 입장료, 스키 여행의 경비, 복권이나 주식을 사는 돈 등을 전부 다른 범주에서 계산한다. 그리고 저축의 상당액을 값비싼 물건을 사기 위해 사용할 때는 치르는 금액 중 우수리 부분에는 신경도 쓰지 않곤 한다.

시카고 대학의 경제학자인 리처드 탈러 Richard H. Thaler가 발견하고 실험을 통해 확인한 소비 행동 등 돈을 계산할 때의 심리적 현상은 '돈의 가치는 변하지 않는다.'라는 기존의 경제 이론을 지지하는 사람들에게는 불쾌한 현상일 뿐이다. 그들의 생각에는 복권에 당첨되어 받은 100만 원이나 급여로 받은 100만 원이나 상속받은 100만 원이나 전부 똑같은 가치를 지녀야 하기 때문이다.

우리의 두뇌가 경제 이론 따위는 안중에도 없이 생각하는 것은 언제 어디서나 볼 수 있는 현상이지만, 이것은 골치 아픈 문제이기도 하다. 우리의 머리가 '돈이 전부 똑같지는 않다.'고 생각한다면 돈에 상대적인 가치를 부여하게 되는데, 이래서는 우리가 돈을 쓰기만 좋아하며 모으기는 싫어한다고 말하는 것이나 다름없다.

선택지가 많을수록 혼란스러워한다

어떤 선택을 해야 할 때 우리는 머릿속의 균형을 유지하기 위해 항상 자신에게 이로운 선택을 정당화할 이유를 찾아내려 하며, 그러는 사이에 두뇌는 앞에서 이야기한 바와 같이 비합리적인 사고를 시작한다. 두뇌의 활동이 아랍의 수크 중동 지역의 재래시장─옮긴이 처럼 되어버리는 것이다. 그곳에서는 판매자 마음대로 가격을 정하며, 어떤 가격이든 그 나름의 이유가 있다. 온갖 흥정술로부터 지갑을 지키기 위한 넓은 시야와 확고한 선택 기준이 없다면 바가지를 쓰기 십상이다. 우리의 선택이 타당하다고 생각할 이유를 찾으려고 해도 한계가 있으며, 머릿속은 점점 혼란스러워진다. 수크와 같은 특수한 장소에 놓이면 우리는 상대의 책략에 걸려들지 않으려고 애쓴다. 그런데 상품의 액수가 커지면 나중에는 우수리 금액에 전혀 신경을 쓰지 않게 된다. 그 뒤에 슈퍼마켓에 들렀을 때는 10원이라도 아끼려고 할인 상품만 찾으면서 말이다.

이와 같은 두뇌의 활동에서 탄생하는 일관성 없는 선택은 주목 받고 연구되어 왔는데, 그 과정에서 일상적이라고도 할 수 있는 일종의 오류가 밝혀졌다. 그중에서도 눈길을 끄는 것은 기존의 경제 이론과 '합리적 사고 모델'에 대한 위반이다. 그전까지 우리는 '합리적 사고' 자체의 정당성을 문제시하는 것을 의식적으로 피해 왔다. 앞에서도 이야기했듯이 인간은 '합리적 사고'를 바탕으로 매사를 판단한다고 생각했기 때문이다. 요컨대 '돈의 가치는 변하지 않는다.'는 것이다.

이것이 대체 무슨 말인지 이해하기 위해 열광적인 축구 팬의 응원을 생각해 보자. 만약 자국 축구팀을 응원한다면 대진 상대가 어떤 팀이냐는 아무래도 상관없는 문제가 된다. 자국 이외의 팀을 보고 심장이 두근거리는 일은 절대로 없다. 그렇지 않다면 단순히 팬으로서의 충성심을 배반하는 일일 뿐만 아니라 '합리성'도 무너지고 만다. '합리적 사고'에 따르면 일련의 정해진 선택지에 우리가 어차피 선택하지 않을 선택지를 더 추가하더라도 이미 있었던 선택지 중에서의 선택의 순서는 바뀌지 않는다. 예를 들어 우리가 국가대표팀 서포터라면 자국팀과 스페인팀 중에서 자국팀을 선택할 것이고, 여기에 일본이 추가되어 자국팀과 스페인팀, 일본팀이 되더라도 변함없이 자국팀을 응원할 것이라는 말이다. 팬으로서 '합리성'을 충분히 유지하는 것이다.

이번에는 다른 예를 살펴보자. 여러분은 학교 친구인 마리오와 저녁 식사를 하게 되었다. 식당에서 자리에 앉아 메뉴를 봤더니 오늘의 메뉴는 라자냐와 스파게티였다. 마리오는 라자냐를 골랐는데, 점원이 와서 메뉴에는 없지만 리소토도 오늘의 메뉴라고 가르쳐 줬다. 그러자 마리오는 "그래요? 그렇다면 전 스파게티로 할게요."라고 말했다.

이때 마리오의 선택이 기묘하게 느껴지는 이유는 우리의 머리가 '합리성'은 올바른 것이라고 말하기 때문이다. '합리적 선택'에는 말하자면 본래적인 힘이 있기 때문에 직감적으로 수긍이 간다. 그러나 수긍이 간다고 해서 어떤 상황에서나 적용되는 것은 아니다. 다음의 예에서 알 수 있듯이 경제를 생각할 때 무시할 수 없는 경우가 이런 경우다.

당신은 MP3 플레이어를 사려고 하는데, 어떤 가게 앞을 지나다가 인기 모델인 소니의 MP3 플레이어가 16만 원이라는 저렴한 가격에 할인 판매되고 있음을 알았다. 정가보다 훨씬 싼 가격이다.

자, 당신은 어떻게 하겠는가?

A 소니의 MP3 플레이어를 산다

B 다른 모델도 살펴본다.

상황은 똑같다. 그러나 이번에는 소니의 MP3 플레이어 외에 삼성의 MP3 플레이어도 할인 판매를 하고 있었다. 소니 MP3 플레이어보다 품질이 우수한 삼성의 MP3 플레이어의 가격은 26만 원이었는데, 이 역시 정가보다 상당히 저렴한 가격이다.

자, 당신은 어떻게 하겠는가?

A 소니의 MP3 플레이어를 산다

B 다른 모델도 살펴본다

C 삼성의 MP3 플레이어를 산다

미국의 프린스턴 대학과 스탠퍼드 대학의 학생을 대상으로 실시한 유명한 실험에 따르면 첫 번째 경우는 학생 중 3분의 2가 소니의 MP3 플레이어를 산다고 대답했다. 그런데 두 번째 경우 소니를 산다고 대답한 학생은 4분의 1에 불과했으며 2분의 1이 판단을 유보했고 나머지 학생은 삼성의 MP3 플레이어를 산다고 대답했다. 요컨대 좋은 기회가 하나가 아니라 둘이 되면 좋은 기회를 이용할 가능성은 감소한다. 게다가 실험을 계속한 결과, 선택지의 수가 늘어날수록 판단을 유보하는 경향이 강해짐이 밝혀졌다. 판단할 때 갈등이 깊어지면 나중에는 판단력이 떨어지는 것이다.

판단을 도울 이유를 이것저것 찾고 있을 때 선택지가 하나뿐이라면(할인 상품이 한 가지뿐인 첫 번째 예와 같이) 결론은 쉽게 나온다. 그러나 '유리한 선택'의 가짓수가 많아질수록 그중 한 가지를 고르기는 어려워진다. 두 번째 경우는 비싸긴 하지만 파격적인 가격임에는 틀림이 없는 다른 모델이 끼어든 탓에 머릿속에서 질문과 답이 뒤엉켜 저렴한 MP3를 선택할 가능성은 더욱 낮아졌다.

이렇게 되면 머릿속은 자문과 품평의 소용돌이에 휘말린다. '삼성 걸 사야 할지 소니 걸 사야 할지 고민 되네. 혹시 더 좋은 모델이 있지 않을까? 좀 더 비싸더라도 할인 판매중이라면 싸게 살 수 있을 테고……'라든가, '삼성 건 아무리 할인 판매중이라고는 해도 역시 내가 사기에는 너무 비싸. 젠장!'이라든가, '이 소니 건 왜 이렇게 싸지? 혹시 구형 모델 아니야? 1년도 쓰지 못하고 고장이 날지도 몰라.'라든가, '지금은 여기저기서 할인 판매를 하고 있으니까 삼성 것보다는 싸고 소니 것보다는 나은 모델을 싸게 살 기회가 있을지도 몰라.' 같은 생각이 난무하게 된다. 요컨대 계산이나 추론을 거듭하는 사이에 점점 더 수렁 속으로 깊이 빠져든다. 그리고 삼성의 제품은 너무 비싸서 애초에 고려 대상에 넣지 않았던 사람이 소니의 제품을 사려는 생각까지 잃게 된다.

사람들이 망설임을 떨쳐내기 위해 적당한 이유를 찾아내려고 머리를 쥐어짜는 모습은 놀라울 정도다. 또 한편으로 이런 사실을 잘 알고 있으며 이것을 교묘하게 이용할 줄 아는 마케팅 전문가는 제외한다 치고 이런 자문자답은 소비자의 입지를 놀라울 만큼 약화시킨다. 사실 이런 현상은 선거에서도 나타난다. 선거만큼 유권자가 빠지는 함정이 명확히 드러나는 사례는 거의 없다.

긍정적인 측면에 주의를 기울일 것인가, 부정적인 측면에 주목할 것인가

어떤 사내가 피자를 사러 갔다. 그리고 가게 주인이 "몇 조각으로 잘라 드릴까요?"라고 묻자 이렇게 대답했다. "여덟 조각을 먹을 만큼 배가 고프지는 않으니 네 조각으로 잘라 주시오."

이 대화가 기묘하게 들리는가? 그러나 하나같이 유리한 선택지 가운데 한 가지만을 선택해야 할 때 우리 중 대부분이 갈등 끝에 내놓는 결론은 바로 이런 것이다. 이것도 예를 들어서 설명하면 쉽게 이해할 수 있을 것이다.

시장을 뽑는 선거가 있다. 후보는 두 명이다. 지금까지 들어온 정보에 따르면 A씨는 무난한 인물이고, B씨는 수완가지만 단점도 그만큼 큰 인물이라고 한다.

A씨는 지역의 실업가로서 대학 시절에는 자원 봉사 활동에 몰두하면서 법학부를 졸업했다. 마을의 초등학교에 다니는 두 딸이 있고, 아내는 전업 주부다.

B씨는 국회 부의장 출신으로, 미국의 유명 대학에서 경영학 석사 학위를 받았으며 지역에 소아과 병원을 건설하려고 자금 모금 운동을 펼치기도 했다. 다만 과거에 독직 사건에 연루된 적이 있고 현재는 유명한 포르노 배우와 약혼했다.

당신은 어떤 후보에게 투표하지 않겠는가?

물론 묻지마 투표는 하고 싶지 않으므로 둘 중 한 명을 결정할 때는 적당한 이유를 찾아내려고 한다. 이런 심리를 연구해 온 프린스턴 대학의 인지 심리학자 엘다 샤피어Eldar Shafir에 따르면, 사람들은 이런 질문에 대답할 때 특히 부정적인 측면에 주목한다고 한다. 긍정적인 측면보다 부정적인 측면이 선택을 크게 좌우한다. 이 선거의 예에서 A씨에게 투표하지 않겠다고 대답한 사람은 8퍼센트에 불과했다. 한편 B씨에게 투표하지 않겠다고 대답한 사람은 92퍼센트에 이르렀다.

이번에는 질문을 긍정의 형태로 바꿔 보자.

당신은 어떤 후보에게 투표하고 싶은가?

이 경우에도 사람들은 선택할 이유를 생각하는데, 이번에는 긍정적인 측면에 주목하는 경향이 있다. 즉, 부정적인 측면보다 긍정적인 측면이 결과를 좌우한다. 이 질문에는 79퍼센트가 A씨에게 투표하겠다고 대답했고 21퍼센트가 B씨를 선택했다. 질문이 부정형일 때보다 긍정형일 때 B씨에게 투표할 가능성이 두 배 이상 높아진 것이다(8퍼센트 대 21퍼센트).

결과를 유심히 살펴 보자. '선택한다.'와 '선택하지 않는다.'('투표한다.'와 '투표하지 않는다.')는 같은 동전의 양면처럼 서로 보완적일 터이므로 양쪽의 퍼센티지를 더한 수치는 100이 되어야 할 것이다. 그러나 실험 결과는 그렇지 않았다. B씨에게 투표하겠다는 사람의 비율과 투표하지 않겠다는 사람의 비율(21퍼센트와 92퍼센트)을 더하면 무려 113퍼센트나 된다! 그러나 기존의 경제학에 따르면 사람들의 선택은 그들의 취향과 평가의 확고한 발로다.

그건 그렇고, 시장 선거와 피자 주문을 똑같이 취급할 수는 없다. 정치적 선택을 해야 하는 시민에게는 딜레마를 해결하기에 충분한 '타당한' 이유를 찾아내는 쪽이 수치의 문제보다 중요하다. 어쨌든 우리는 좋은 측면과 나쁜 측면을 겸비한 두 후보 중에서 한 명을 선택해야 하기 때문이다. 이런 종류의 문제에서는 질문이 어떻게 제시되느냐에 따라 결과에 커다란 차이가 생긴다. 정반대의 선택을 하는 경우도 적지 않다.

여기에서 두 가지 문제가 발생한다. 첫째는 정당 측 _{정치계 이외에도 일반적으로 딜레마를 만들어내는 쪽}의 문제이고 둘째는 시민 측 _{선거의 경우만으로 한정되지 않는다}의 문제다. 샤피어는 서로 다른 가치 사이에서 생겨나는 딜레마에 해결의 실마리를 부여하기 위한 어떤 방책을 제시했다. 샤피어에 따르면 방금 소개한 선거의 경우 A씨는 선거 운동의 초점을 라이벌의 부정적인 측면에 맞춰서 유권자의 의식을 부정적인 측면으로 향하게 하면 된다고 한다. 그럴 때 비로소 승산이 생긴다. 한편 유권자는 마음이 어느 한쪽으로 기울기 전에 두 후보의 전략을 충분히 살펴보는 것이 중요하다.

그런데 유권자의 '본심과 거짓 없는 평가'는 투표하고 싶은 후보에게 나타날까, 아니면 투표하고 싶지 않은 후보에게 나타날까? 이것은 어느 한 쪽에만 나타나는 것이 아니다. 유권자는 반드시 이 후보에게 투표하겠다고 생각하는 것이 아니라 어느 후보에게든 표를 줄 마음이 조금은 있기 때문이다. 그래서 선거를 할 때는 어느 한 쪽을 결정하기 전에 선택하는 이유와 선택하지 않는 이유를 비교하며 충분히 곱씹을 필요가 있다.

2

모순된
결론을 내다

고객의 마음을 어지럽히다

우리가 마음을 결정할 때의 갈등을 돋보기로 살펴 보자. 앞에서 이야기했듯이 망설임이나 행동은 이미 제시된 선택지에 어떤 선택지가 추가되느냐에 따라 달라진다. 그런데 선택지의 추가는 어떤 식으로 영향을 나타낼까?

한 가지 사례를 들어 보겠다.

집 근처에 있는 문방구점의 주인은 거부감이 들 정도로 손님에게 굽실대는데, 찾아오는 고객을 위해서 새로운 서비스를 시작했다. 그 가게에서 사용한 금액이 5만 원이 될 때마다 조촐한 상품을 선물하거나 5,000원을 돌려주는 서비스다.

당신은 사용 금액이 5만 원을 넘겨서 서비스를 받게 되었는데, 세 가지 조건이 있다. 세 가지 조건 모두 제시된 것 중 한 가지만 선택할 수 있다.

1 5,000원을 받거나 멋진 금속제 볼펜을 받는다.

2 문방구점 주인은 선택지를 한 가지 늘렸다. 그래서 당신은 5,000원이나 멋진 금속제 볼펜, 역시 멋진 금속제 볼펜이지만 겉모습이 조금 다른 제품 중 하나를 선택할 수 있게 되었다.

3 금속제 볼펜의 개수가 한정되어 있기 때문에 문방구점 주인은 선택의 폭을 넓혀서 당신에게 다음과 같은 제안을 했다. 5,000원을 받거나 멋진 금속제 볼펜을 선택하거나 흔한 플라스틱제 볼펜을 선택하라는 것이다.

그러면 이 세 가지 조건의 차이를 생각해 보자.

첫 번째 경우의 선택지는 A(돈)와 B(금속제 볼펜) 두 가지다. 이때 여러분이 어느 쪽을 선택하느냐는 임의적이며, 무엇을 선택하든 중요하지 않다. 다음 질문에 대한 회답과의 차이가 중요하다.

두 번째 경우는 세 번째 선택지 C가 추가되었는데, C는 B와 비슷하다. 이 경우는 A를 선택하는 비율이 높아진다. 두 볼펜의 우열을 따질 수 없기 때문에 그보다는 5,000원을 받는 쪽으로 마음이 향하는 것이다.

그런데 세 번째 경우는 C가 다른 두 선택지 중의 하나보다 명백히 떨어진다. 이럴 경우는 가치가 갑자기 높아진 것, 즉 B를 선택하는 경향이 있다. 플라스틱제 볼펜의 출현으로 금속제 볼펜의 매력이 갑자기 높아져 돈보다 더 가치 있는 존재로 보이기 때문이다.

이미 제시된 두 가지 선택지 가운데 한 쪽과 매우 비슷한 선택지가 추가되면 일종의 '방해 효과'가 나타나 그것과는 전혀 다른 선택지(두 번째 경우는 5,000원)를 선택하는 비율이 높아진다. 한편 새로 추가된 선택지가 다른 두 가지 가운데 한 가지보다 명백히 떨어질 경우(여기에서는 플라스틱제 볼펜)는 추가된 선택지가 '미끼'가 되어 금속제 볼펜의 매력이 커지며, 그 결과 금속제 볼펜을 선택할 확률이 매우 높아지는 것이다.

엘다 샤피어와 프린스턴 대학의 연구팀은 이 유인 효과와 방해 효과에 관해 조사했다. 유사한 선택지(앞의 예에서는 두 번째의 금속제 볼펜)를 추가했을 경우 볼펜이 아니라 돈을 선택하는 사람의 비율이 28퍼센트 포인트나 증가했다. 명백히 질이 떨어지는 선택지(플라스틱제 볼펜)를 추가했을 경우는 반대로 돈을 선택하는 사람의 비율이 10퍼센트 포인트 감소하고 금속제 볼펜의 인기가 갑자기 높아졌다.

이 현상을 어떻게 설명해야 좋을까? 어느 쪽을 고를지 망설여지는 상황에서는 추가된 선택지가 매력적이라고 해도 그것만으로는 그 선택지를 고를 충분한 근거가 되지 못한다. 그것이 다른 두 선택지보다 우월하다고 '수긍할 수 있는 이유'가 있어야 하는 것이다. 두 번째 예에서는 금속제 볼펜 B와 비슷한 금속제 볼펜 C가 추가되자 선택이 어려워졌다. B와 C 중 어느 쪽을 선택할지에 대한 결정적인 이유를 찾기가 어렵기 때문이다. 그래서 결국은 5,000원을 선택하고 만다. 한편 '플라스틱제 볼펜'은 오히려 선택에 도움을 준다. 금속제 볼펜을 선택할 확실한 이유가 되기 때문이다.

이 사례에서도 알 수 있듯이, 서비스의 범위가 넓어지면 선택을 위한 순서를 바꿔야 하는 것이다. 이익이나 서비스를 제공하는 쪽은 이 점을 충분히 활용할 수 있다.

세 가지가 있으면 중간을 선택한다

유인 효과와 방해 효과의 메커니즘은 이른바 '합리적 사고 모델'에 위배된다. 고민 끝에 선택을 할 때 이 '합리성'을 위반하는 현상은 또 있다. '양극단 기피'라는 유명한 현상으로, 긍정적이든 부정적이든 특출한 성격의 선택지를 추가하면 '중간' 성격의 선택지를 선택할 확률이 높아진다는 것이다.

그러면 실제로 실시되었던 실험을 통해 이 문제를 살펴 보자.

어떤 그룹의 사람들에게 디지털 카메라를 사게 하고 싶다. 모델은 두 가지로, 첫 번째 모델의 가격은 38만 원이고 두 번째 모델의 가격은 76만 원이다. 두 모델의 브랜드는 같다.
사용법은 전부 소상히 설명했으며 가격은 두 모델 모두 타당한 수준이다.

결과적으로 이 그룹의 사람들이 두 모델 중 하나를 선택하는 비율은 50퍼센트로 차이가 없었다.

자, 이번에는 다른 그룹에 앞의 두 모델 외에 128만 원짜리 모델이 동시에 제시되었다.

여기에서 주의할 점이 한 가지 있다. 생각해 보면 제일 비싼 모델을 선택한 사람이 몇 명이든 간에 그 밖의 사람들의 선택은 처음 두 모델에 공평하게 분배되어야 할 것이다. 그렇지 않은가? 그런데 실제 결과는 그렇지가 않다. 품질도 가격도 상급인 세 번째 모델이 등장하자 많은 사람이 중간 모델을 선택했다. 첫 번째 실험에서 가장 저렴한 모델을 선택한 사람은 50퍼센트에 이르렀지만 두 번째 그룹에서는 다섯 명 중 한 명으로 줄어들었다.

선택지가 늘어나면 중간을 선택하고 싶어지는 이유는 그것이 최고의 선택이라고 생각하게 하는 적당한 이유를 발견한 기분이 들기 때문이다. 갑자기 그것이 다른 것보다 훨씬 편리하고 구하기 어려운 상품으로 보이기 시작한다. 그런데 아까는 왜 그런 사실을 깨닫지 못했을까? 우리가 하고 싶었던 것은 수긍할 수 있는 타협, 선택에 의미를 부여해 망설임을 떨쳐낼 수 있는 바로 그런 타협이었는데 말이다.

레스토랑에서는 와인의 메뉴를 만들 때 이 현상을 이용한다. 메뉴에 눈이 튀어나올 만큼 고가의 특급 와인을 추가해 놓으면 손님들은 값싼 와인보다 중상 정도 수준의 와인을 선택하고 싶어지기 때문에 레스토랑으로서는 이익이 된다.

더 많은 선택지를 제시하는 것이 (판매자뿐만 아니라) 만인에게 이롭도록 만들려면 '합리성'을 거스르는 비합리적인 선택을 유도하고 선택의 순서를 어지럽히는 일련의 오류들의 유형을 미리 숙지해야 한다. 일상생활에서 선택의 자유가 없다면 참기 어려울 것이다. 그러나 실제로는 하다못해 '치약' 하나를 살 때도 무수히 많은 선택지가 있으며, 그 가운데서 자유롭게 고르다 보면 오히려 선택을 망설이게 된다. 무엇을 살지 결정을 내릴 때마다 갈등이 시작되어 필요성과 취향, 편리성 등이 싸움을 벌이며, 결국은 '선택지가 많을수록 수확은 적다.'는 모순된 상황에 빠진다. 청바지를 한 벌 사려고 가게에 들어가 스무 벌이나 입어보고는 결국 아무 것도 사지 못하고 가게를 나가는 상황이 빚어지는 것이다. 이렇게 되면 '왜 선택의 가능성이 무한하면 마음이 느긋해지기는커녕 어떻게든 마음에 드는 것을 찾아내려고 쓸데없이 고민해야 하는 것일까?'라는 생각이 들게 된다. 쇼핑도 즐겁지 않고, 일단 이것이다 하고 결정해도 계속 후회가 남기 쉽다. '이것으로 선택하기는 했는데 사실은 저것이 더 낫지 않았을까?'라는 생각이 오랫동안 머릿속을 떠나지 않기 때문이다.

무엇이 망설임을 만들어내는가

피실험자를 두 그룹으로 나누고, 어려운 자격시험을 본 학생이라는 가정 아래 각각 다음과 같은 질문을 했다.

1 합격했다면 자메이카 여행 티켓을 사겠는가?
2 불합격했다면 자메이카 여행 티켓을 사겠는가?

그 결과 티켓을 사겠다고 대답한 사람의 비율은 두 그룹 모두 거의 차이가 없었다. 요컨대 '시험 결과는 자메이카 여행에 영향을 끼치지 않는다.'는 말이다.

여기까지는 누가 봐도 명쾌하다.

이번에는 학생 그룹을 하나 더 추가하고, 그들에게는 합격했는지 불합격했는지 아직 모르는 상태라고 가정한 뒤 자메이카 여행 티켓을 사겠느냐고 질문했다.

놀랍게도 그들 중 대부분은 "할증 요금을 내는 한이 있더라도 시험 결과가 나온 뒤로 결정을 미루고 싶다."라고 대답했다. 앞에서는 시험 결과가 여행에 영향을 끼치지 않았는데 도대체 왜일까? 무엇이 결심을 방해하고 있는 것일까?

앞의 두 그룹과 다른 점은 오직 하나, '합격했는지 불합격했는지 알지 못한다.'는 것뿐이다. 이미 살펴 봤듯이 시험 결과는 여행에 영향을 끼치지 않아야 할 터이다. 그러나 시험 결과를 알지 못하면 여행을 갈 '그럴듯한' 이유를 만들어내지 못한다. 불합격했다면 시험을 다시 봐야 하므로 그 전에 자메이카 여행을 가서 몸과 마음을 재충전한다든가, 합격했다면 그동안 고생한 자신에게 자메이카 여행이라는 보상을 준다는 식의 이유 말이다. 자신의 행동을 정당화할 이런 식의 명확한 근거가 없기 때문에 불안감('여행을 갔다 와서 불합격한 사실을 알게 되면 어떡하지?' 같은)이 남게 되어 좀처럼 결심을 하지 못한다. 요컨대 내적 갈등만 없었다면 자메이카 여행을 갈지 말지 진작에 결정을 내렸을 것이다.

내적 갈등이라는 골치 아픈 존재가 끼어든 탓에 일어나는 이런 모순된 상황은 머릿속에서 쾌락이라든가 놀이 등으로 분류하는 항목에 돈을 들여야 할 때만 발생하는 것이 아니다. 건강과 관련된 심각한 선택을 할 때도 나타난다. 의사나 환자가 이런 경우에 어떤 행동을 하는지 파악하기 위해 다음과 같은 실험이 실시되었다.

그룹 1 장기 이식이 필요해 기증자를 기다리는 환자가 두 명 있는데, 좀처럼 입수하기 어려운 건강한 장기를 제공할 기증자가 한 명 나타났다. 이에 따라 의사는 두 환자 중에서 한 명을 선택해야 한다. A는 양육해야 할 자녀가 없는 노년기의 남성으로, 이식 수술에 대한 금기 사항은 없다. 한편 B는 어린 세 자녀를 둔 상당히 젊은 기혼 여성으로, 이식 수술에 치명적이라고는 할 수 없지만 결코 무시할 수 없는 금기 사항 y를 지니고 있다.

그룹 2 이번에도 좀처럼 입수하기 어려운 건강한 장기를 제공할 기증자가 한 명 나타났다. 의사는 A(그룹1에 있었던 노인)와 C라는 두 환자 중에서 한 명을 선택해야 한다. C는 어린 두 자녀를 둔 젊은 기혼 여성으로, 이식 수술에 치명적이라고는 할 수 없지만 절대 가볍게 생각할 수 없는 금기 사항 z(y와는 다른 금기 사항)를 지니고 있다.

그룹 3 상황은 동일하다. 다만 이번에는 A, B, C의 세 환자 중에서 선택해야 한다.

그룹 3의 경우, A를 선택한 의사가 다른 그룹에 비해 매우 많았다(앞의 두 그룹에서는 15퍼센트였던 데 비해 그룹 3에서는 25퍼센트에 이르렀다). 여기에서도 세 번째 선택지가 다른 두 선택지의 매력을 떨어트린 것이 아니라 첫 번째 선택지의 매력을 강화시킨 것이다.

이 마음이 편하지는 않지만 매우 구체적인 사례에서 배울 수 있는 점은 두 가지다. 무엇보다 먼저 주목해야 할 점은 여기에서도 의식적이든 무의식적이든 갈등을 할 수밖에 없는 선택은 경원되었다는 사실이다. B와 C 중에서 누구를 선택하느냐는 간단한 문제가 아니다. 그러므로 가장 문제가 되지 않을 것 같은 선택지(A)를 고르려 한다. 다음은 자신과 타인 모두 수긍할 수 있는 사람을 선택하려 한다. 그룹 3의 경우는 환자 B와 C 중에서 자신과 타인 모두가 수긍할 수 있는 선택을 하기가 어렵기(그룹 1과 그룹 2의 의사에게는 이 문제를 제시하지 않았다) 때문에 금기 사항이 없는 환자 A를 선택할 가능성이 두드러지게 높아진다.

국제 분쟁과 협조의 분석에 게임 이론을 적용한 공적으로 2005년에 노벨 경제학상을 수상한 토머스 셸링Thomas C. Schelling은 이와 같은 연구의 일인자인데, 그가 이런 이야기를 했다. 몇 년 전에 그는 가족 모두가 사용할 수 있는 백과사전을 사려고 수많은 장서를 보유한 하버드 스퀘어의 서점에 가서 두 종류의 백과사전을 상세히 검토했다. 관점에는 상당한 차이가 있었지만 양쪽 모두 우수한 백과사전이어서 그의 요구에 충분히 부응할 것 같았다. 그러나 어느 한 쪽을 선택하기가 쉽지 않았다. 결국 그는 고민을 거듭하다 아무 것도 사지 않고 서점을 나왔다. 게다가 몇 년이 지난 뒤에도 백과사전을 사지 못했다고 한다.

경제학의
함정과 저주

우선순위가 뒤바뀌다

우리는 종종 상식 밖의 선택을 한다. 다음 사례를 살펴 보자.

당신은 다음의 두 도박 중 하나를 해야 한다.

A 상금은 적지만 확률이 높은 도박(70퍼센트의 확률로 7만 원의 상금)

B 상금은 비교적 많지만 확률이 낮은 도박(10퍼센트 확률로 70만 원의 상금)

당신은 어느 도박을 하겠는가?

이 실험에서는 많은 사람(67퍼센트)이 A를 선택했다.

이번에는 앞 질문의 도박에 판돈을 걸어 보자.

어느 도박에 더 많은 판돈을 걸겠는가?

이 질문에 대해서는 많은 사람(71퍼센트)이 B에 더 많은 판돈을 걸었다.

　'선호 역전*'으로 유명한 이 현상은 오리건 주립 대학 의사결정 연구소의 폴 슬로빅Paul Slovic과 사라 리히텐슈타인Sarah Lichtenstein이 라스베이거스의 카지노에서 실제로 돈과 사람을 이용해 실시한 일련의 실험을 통해 명확히 드러났다. 이 두 미국인 인지심리학자의 관찰에서 특히 흥미 깊은 점은, 도박에 거는 판돈은 상금의 액수와 높은 상관관계가 있지만 어느 도박을 할 것이냐는 선택은 당첨 확률과 높은 상관관계를 보였다는 사실이다.

　그 후 두 경제학자(찰스 플롯Charles Plott과 데이비드 그레더David M. Grether)가 이 실험 결과에 흥미를 보였다. 두 사람은 경제학의 영역을 침범한 심리학자의 연구에 트집을 잡을 생각으로 같은 실험을 실시해 봤다. 그러나 그들의 의도는 실패로 돌아갔다. 실험(그밖에도 많은 사람이 같은 실험을 실시했다)에서 나타난 기묘한 모순을 부정할 수 없었을 뿐만 아니라 그런 현상이 깊게 뿌리를 내리고 있음을 확인한 것이다. 이렇게 해서 또 다시 기존 경제학의 핵심 중 하나가 흔들리게 되었다. 그때까지 경제학에서

*선호 역전 preference reversal　　전통적인 경제학에서는 사람의 기호나 취향을 일정하며 변화하지 않는 것으로 생각하지만, '행동 경제학'에서는 상황이나 문맥에 따라 변화하는 것으로 간주한다. 점심에 '생선 구이 정식'을 즐겨 주문하는 사람도 '오늘의 런치 메뉴'를 보고 다른 메뉴('생강 불고기 정식' 등)를 주문하는 일이 적지 않으며, 술집에 가면 항상 '맥주'부터 주문하는 사람이 눈이 내린 날에는 '따뜻하게 데운 청주'를 먼저 주문한 다음 맥주를 시키는 경우도 종종 있다.
행동 재무 이론에서는 '눈앞의 이익에 시선이 집중되어 장래의 커다란 이익을 생각하지 못하는' 것을 '선호의 시간적인 역전'이라고 하며, '시간적 비정합성'이라고 부른다. 장래의 건강을 위해 담배를 끊는 편이 좋다고 생각하면서도 당장의 담배 한 개비를 포기하지 못하는 현상도 같은 원리로 해석된다.

는 "사람에게는 예전부터 확립되어 있는 명확한 '선호의 우선순위'(선호 순위라고 한다)가 있다. 이것은 선택을 관찰해 보면 쉽게 수긍할 수 있다."라고 주장했던 것이다.

다시 앞의 도박 이야기로 돌아가면, 선택지 B의 상금 액수가 선택지 A보다 높다고 해서 항상 B가 선호되는 것은 아니다. 선호의 표현 방식(예를 들어 '확률' 대 '화폐의 가치')에 따라 선호의 순위도 달라진다. 요컨대 우리의 선호 순위는 미리 정해져 있어서 쉽게 파악할 수 있는 것이 아니라 선택의 과정에서 정해지며 상황에 좌우된다고 생각하는 편이 좋다.

다음으로 일상에서 흔히 볼 수 있는 사례와 엘다 샤피어가 그 사례에서 이끌어낸 결론을 살펴 보자. 옵션을 얼마나 추가할 것인지 판단해야 하는 경우다. 옵션 하나하나의 가격은 그리 대단하지 않지만, 이것저것 추가해 최종 금액을 산출해 보면 눈이 튀어나올 정도의 가격이 되어버린다.

그러면 예시로 넘어가자. 여러분의 자동차는 거의 폐차 직전의 상태로, 얼마 타지 못할 것 같아 새 차를 사기로 했다. 여러분이 사려고 하는 모델의 기본 가격은 3,700만 원인데, 에어컨을 달려면 160만 원을 추가해야 한다고 한다. 뭐, 에어컨이 있으면 쾌적한 환경에서 운전을 할 수 있으니 그 정도 추가 지출은 해도 될 것 같다. 그리고 엔진을 좀 더 강력한 놈으로 교체하고 싶은데, 그럴려면 160만 원이 더 들어간다. 여기에 딜러는 80만 원을 내면 5년 보증을 추가해 주고(1년에 불과 16만 원), 네비게이션도 특별히 80만 원이라는 파격적인 가격에 달아 주겠다고 한다. 이 옵션을 다 달면 자동차의 가격은 4,180만 원이 된다.

"그렇군요. 집에 가서 조금 더 생각해 본 다음에 오겠습니다."

어디에서나 볼 수 있는 이런 사례는 선호 순위가 사전에 정해져 있다는 기존의 이론을 근본부터 뒤엎는다. 그 이론에 따르면 B보다는 A를 선호하고 C보다는 B를 선호할 터이니 C보다는 A를 선호하는 것이 타당하다. 이 사례의 경우 C는 현재 타고 있는 오래된 차, B는 기본 가격의 신차, A는 옵션을 추가한 신차가 된다. 그런데 이론에서 실제 상황으로 이행한 순간 우리의 비합리성이 고개를 치켜들어 마음은 C보다 B를, B보다 A를 선호하지만 실제로는 A보다 C를 선택하고 마는 것이다.

비합리의 대가는 크다

"조금 비합리적인 게 뭐가 어때서? 누구나 다 그런다고!"라는 목소리가 들리는 것만 같다. 그러나 비합리의 대가는 매우 크다. 그 원리를 설명하면 다음과 같다.

유명한 축구팀의 구단주인 모라찌 씨가 수완 좋은 에이전트인 모지 씨를 만났다. 그런데 모라찌 씨의 취향은 조금 특이하다. 이탈리아 출신의 철벽 수비수인 네스토보다 남미 출신의 젊고 유능한 미드필더인 히바우지뉴를 더 좋아하고, 네덜란드 출신의 우수한 센터포워드인 판 본넨보다는 네스토를 더 좋아하며, 히바우지뉴보다는 판 본넨을 더 좋아한다고 한다.

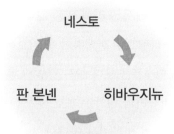

네스토

히바우지뉴

판 본넨

기나긴 교섭 결과 모지 씨는 수백만 유로에 네스토를 모라찌 씨에게 보내게 되었다. 그리고 거래가 성립된 지 몇 주 후, 모지 씨는 모라찌 씨를 찾아가 수백만 유로를 더 얹으면 히바우지뉴를 이적시켜 주겠다고 말했다. 요컨대 수백만 유로를 더 내면 네스토에서 히바우지뉴로 바꿔 주겠다는 말이다. 네스토보다 히바우지뉴를 좋아하는 모라찌 씨는 그 제안을 받아들여 수백만 유로를 더 주고 네스토를 히바우지뉴로 바꿨다. 그런데 그로부터 다시 몇 주 후에 모지 씨는 다시 모라찌 씨를 찾아가 수백만 유로를 더 내면 판 본넨을 이적시켜 주겠다고 제안했다. 만약 모라찌 씨가 이 제안을 받아들인다면 다시 수백만 유로를 지출해야 한다. 히바우지뉴보다 판 본넨을 좋아하는 모라찌 씨는 이 제안을 받아들여 수백만 유로를 얹어서 히바우지뉴를 판 본넨으로 바꿨다. 거래가 끝나고 몇 주 후, 모지 씨는 또 모라찌 씨를 찾아가 수백만 유로를 더 내면 네스토를 이적시켜 주겠다고 말했다. 만약 모라찌 씨가 네스토를 선택한다면 수백만 유로의 추가 지출이 발생한다! 판 본넨보다 네스토를 더 좋아하는 모라찌 씨는 수백만 유로를 더 주고 판 본넨을 네스토로 바꿨다. 거래가 끝난 지 불과 몇 주 후, 모지 씨는……

이 극단적인 무한 루프에서 모라찌 씨는 모지 씨의 호갱이 되었는데, 이것은 자신의 취향을 바탕으로 선택하려 하는 모든 사람에게 찾아올 운명이다. 여러분도 B보다 A를, C보다 B를, A보다 C를 선택한다면 그 선택은 비합리적이며 그 비합리의 대가는 결코 싸지 않다.

그러나 우리의 일상적인 비합리는 찰나의 방심을 비집고 나타나기도 한다. 그런 예를 살펴 보자.

자신의 것이 되면 가치가 상승한다

여러분이 술을 좋아하는 사람이라고 가정하자. 몇 년 전에 운 좋게 고급 와인인 브루넬로 디 몬탈치노를 몇 상자 샀는데, 이것을 그대로 저장고에 보관해 두고 있다. 그리고 그 사이에 이 와인의 가격은 점점 비싸졌다. 한 병에 20유로도 주지 않고 샀는데 지금은 200유로가 넘는다. 그러던 어느 날 밤, 여러분은 친구들이 모인 자리에서 그중 한 병을 따기로 했다. 여러분은 그 와인을 현재의 가격에 팔 마음은 전혀 없으며, 그 가격에 한 병을 새로 살 생각도 없다.

여러분이 이런 생각을 하고 있다고 가정한다면 여러분은 이미 가지고 있는 와인에 지금 살 수 있는 금액 이상의 가치가 있다고 생각하고 있는 셈이 된다. 그런데 지금 시중에 유통되고 있는 와인을 사들이지도 않았다. 그렇다면 여러분의 선택은 올바른 경제학적 계산에 따르고 있다고 할 수 없으며, 머릿속에서 다른 경로를 통해 계산하고 있는 셈이 된다. 이런 심리적 현상을 '보유 효과'라고 부른다.

이런 경우 여러분이 경제학상으로 적절한 계산을 하지 않고 있음은 분명하다. 가지고 있는 와인을 현재의 시장 가격에 팔 생각이 없다면 이것은 그 와인의 가치가 실제로는 더 높다고 생각한다는 뜻이다. 그뿐만이 아니라 앞으로 몇 년 뒤에는 가격이 더 오를 것으로 생각하는지도 모른다. 그런데 그렇다면 왜 현재의 시장 가격에 와인을 더 사 놓지 않는 것일까? 입맛이 까다로운 친구들과 고급 와인을 즐기는 것이 더할 나위 없는 쾌락임은 분명하다. 그러나 더 구입해 놓는다면, 혹은 가지고 있는 와인을 모조리 판다면 더 많은 와인을 모두가 즐길 수 있지 않은가! 그런데 왜 저장고에 묵혀 놓는 것일까?

이에 대해서도 실험이 답을 가르쳐 준다.

코넬 대학 경제학부의 학생들을 무작위로 선택해 두 그룹으로 나누고 한 그룹에는 컵을 선물로 줬다. 대학의 로고가 새겨진 흔한 유형의 컵이다. 그리고 두 그룹 사이에서 경매를 시켰다. 목적은 다음의 결과를 아는 것이다.

A 방금 전에 컵을 받은 그룹은 돈을 얼마나 받아야 그 컵을 포기할 마음이 생기는가?

B 컵을 받지 못한 그룹은 그 컵을 손에 넣기 위해 얼마까지 쓸 마음이 있는가?

여기에서 어떤 결과가 나올지는 대충 짐작할 수 있다. 컵을 소유한 쪽은 평균 5.25달러 이하로는 팔려고 하지 않았다. 한편 컵을 소유하지 못한 쪽은 평균 2.75달러 이상의 가격으로는 사려고 하지 않았다.

분명히 두 그룹을 무작위로 나눴는데 어떻게 이런 결과가 나왔을까? 무엇인가(대단한 것이 아니더라도)의 소유자가 되었다는 사실만으로도 그것의 가치는 그것을 가지지 않은 사람이 생각하는 가치의 대략 두 배로 순식간에 상승한 것이다. 이것을 보면 200유로에 와인을 팔지 않은(혹은 사지 않은) 이유를 알 수 있다.

융단 장수나 자동차 딜러들은 이 현상을 잘 알고 있다. 융단 장수는 이 효과를 교묘히 이용해 "한 번 써 보십시오."라면서 손님에게 상품을 잠시 맡겨 둔다. 융단을 집으로 가져간 손님은 '보유 효과*' 때문에라도 그 융단을 포기하지 못하게 된다. 또한 자동차 딜러는 신차를 사려고 하는 사람의 대부분이 신차의 가격을 깎는 것보다 '지금까지 타던(현재 보유한) 자동차를 비싼 가격에 파는' 데 관심이 있다는 데 주목한다. 그리고 고객의 그런 방심을 이용해 고객이 자신에게 유리한 거래를 했다고 믿도록 만든다.

---

*보유 효과 endowment effect   자신이 소유한 것에 높은 가치를 느껴 포기하고 싶어 하지 않는 현상. 카너먼 등은 이 현상이 일어나는 원인 중 하나가 '손실 회피'에 있다고 생각했다. 사람은 어떤 것을 얻었을 때 동반되는 효용보다 지금 가지고 있는 것을 잃었을 때의 아픔을 크게 느낀다. 따라서 어떤 물품을 다른 물품과 교환하자는 제안을 받아도 좀처럼 교환에 응하려 하지 않는다. 전통적인 경제학에서는 '포기하는 대가로서 받기를 바라는 최소한의 금액'(수취 의사액)과 그것을 '입수하기 위해 낼 수 있다고 생각하는 최대 금액'(지불 의사액)은 큰 차이가 없다고 생각한다. 그러나 현실의 인간은 그렇게 생각하지 않는 듯하다.

현재 상황을 유지하고 싶어 한다

'보유 효과'에서는 돈과 관련된 선택을 할 때의 보수적 경향을 엿볼 수 있다. 새로운 투자에 손을 뻗기보다 이미 하고 있는 투자를 계속하고 싶어 한다. 우리는 이미 가지고 있는 것에 과도한 가치를 부여하기 때문에 다른 것에 손을 뻗기가 어려우며, 그럴 마음을 먹기도 어려운 것이다.

다음 예를 살펴 보자.

당신은 부모로부터 상속을 받았다. 상속분의 75퍼센트는 낮지만 수익이 확실히 보장되는 채권이고, 나머지 25퍼센트는 리스크는 높지만 수익률을 무시할 수 없는 주식이다. 재무 설계사는 당신에게 두 가지 길을 제안했다. 전부 그대로 가지고 있거나 보유 비율을 뒤바꾸는 것이다(리스크가 높은 주식을 75퍼센트, 채권을 25퍼센트로).

당신이라면 어떻게 하겠는가?

이번에는 상황은 같지만 다른 점이 한 가지 있다. 최초의 비율이 반대다(리스크가 높은 주식이 75퍼센트. 채권이 25퍼센트). 당신은 보유 비율을 서로 바꿔도 되고 그대로 놔둬도 된다.

어느 쪽을 선택하겠는가?

여기에서도 대다수의 사람이 기존의 비율을 유지한다는 선택을 했다.

혹시 이 결과에 수긍이 가지 않는다면, 혹은 재산 상속 같은 것은 받을 일이 없다거나 주식 또는 채권과는 인연이 없다는 이유로 자신과는 상관없는 일처럼 생각된다면 다른 예를 생각해 보자. 우리의 일상에서 자주 겪게 되는 휴대 전화 구입 문제다.

사람들을 무작위로 선정해서 두 그룹으로 나누고 각 그룹에 다음과 같은 질문을 했다.

그룹 1 "당신은 지금 저가이지만 기본적인 기능은 갖춰져 있는 휴대 전화를 사용하고 있습니다. 가격은 비싸지만 기능이 다양한 휴대 전화로 바꾸겠습니까?"

그룹 2 "당신은 지금 가격은 상당히 비싸지만 다양한 기능을 자랑하는 휴대 전화를 사용하고 있습니다. 가격은 저렴하지만 기본적인 기능은 갖춰져 있는 휴대 전화로 바꾸고 싶습니까?"

두 그룹 모두 현재 쓰고 있는 휴대 전화를 계속 쓰겠다고 대답한 사람이 많았다. 무엇인가 불안정 요인(가령 장착된 기능의 질이 떨어졌다든가)이 끼어들지 않는 이상은 지금의 상태가 좋다는 것이다(이것을 '현상 유지 편향'이라고 한다).

미국의 자동차 임대 회사인 RC오토는 서로 이웃한 두 주^{펜실베이니아 주와 뉴저지 주}에 정반대의 손해 보험 규약을 설정했다. 한 주에서는 계약 전환을 요구하지 않는 이상 초기 보험료는 그다지 높지 않지만 피보험자가 본인 과실로 사고를 내지 않더라도 몇 년간 같은 요금이 유지되는 방식이 적용된다. 반면에 다른 주에서는 계약 전환을 요구하지 않는 이상 초기 보험료는 비싸지만 피보험자가 본인 과실로 사고를 일으키지 않으면 보험료가 할인되어 점점 저렴해지는 방식이 적용된다. 그런데 두 주 모두 대부분의 이용자가 계약 전환을 요구하지 않고 처음에 제시받은 원칙을 받아들이는 쪽을 선택했다.

이런 사실을 알면 이탈리아에서 전화기 시장의 규제가 완화되었을 때 사람들이 어떤 반응을 보였을지 상상할 수 있다. 유선 전화기나 휴대용 전화기를 취급하는 다양한 전화 회사가 소비자의 현상 유지 성향을 타파하기 위해 온갖 수단을 동원한 이유도 알 수 있다. '통화료 무료', '선물 증정', '대대적인 캠페인 전개' 등의 수단을 동원해 분명 매력적인 다양한 서비스를 거들떠보지도 않고 검토하려고도 하지 않는 사람들에게 다시 한 번 생각해 달라고 필사적으로 호소한 것이다.

우리의 타고난 보수적 성향을 타파하기 위해 판매자들은 일반적으로 돈을 크게 절약할 수 있다는 생각을 소비자에게 심어 준다. '실제보다 훨씬 이득으로 보이게 하는 수법'을 사용할 때도 적지 않다. 그러므로 만약 여러분이 현상을 재고할 마음을 먹게 되었다면 '신품을 사기 전에 유심히 검토하고, 새로운 계약 내용을 주의 깊게 읽어 보는' 것이 중요하다.

우리의 주의를 환기하고 나태한 마음을 뒤흔들기 위해 동원되는 수법은 경제적인 이익감을 주는 것에 국한되지 않는다. '성능이 좋다.', '효율이 우수하다.', '튼튼하다.' 같은 것은 물론이고, 오늘날에는 유전자 조작 농산물을 사용하지 않은 비싼 식품이 잘 팔리는 것을 봐도 알 수 있듯이

'환경을 보호한다.'라든가 '인간이나 동물의 권리를 소중히 여긴다.' 같은 것이 더욱 중요해지고 있다. 많은 사람이 이런 것의 중요성을 자각하기 시작한 시기는 최근 몇 년 사이로, 이 때문에 기존의 습관도 변화가 진행되고 있다. 지금까지 별 생각 없이 결정해 온 것들을 되돌아보고 다른 시각에서 선택할 필요성이 생긴 것이다.

전력 공급이 자유화되면 가령 생태학에 관한 지식을 바탕으로 새로운 유형의 공급자를 염두에 둘 필요성이 생겨난다. 클린 에너지를 사용하기 위해 오랫동안 계약을 맺어 왔던 공급자와의 관계를 재검토하고 새로운 공급자에게로 이행하는 사태가 일어날지도 모르는 것이다.

돈을 낸 이상 참가하지 않으면 손해

우리 인간은 현상 유지를 선호하는 경향이 강한데, 이것이 손해를 부를 때도 있다. 예를 들면 이미 많은 돈을 투자했다는 이유만으로 이익이 나지 않는 투자를 계속하는 경우가 그렇다.

당신이 어느 유명 스포츠 용품 제조 회사의 경영을 맡게 되었다고 가정하자. 그 회사는 '지능적인' 달리기를 약속하는 혁신적인 운동화를 개발하기 위해 100억 원 규모의 프로젝트를 진행하고 있다. 지면의 상태나 이용자의 성향에 맞춰 필요한 기능을 자동으로 조절하는 운동화다. 그런데 이 프로젝트가 80퍼센트 달성된 시점에 비슷한 규모의 다른 회사가 똑같은 특징을 지닌 운동화를 이미 판매하고 있다는 사실을 알게 되었다. 그 운동화는 개발 중인 자사의 운동화보다 기능적이고 가격도 저렴하다.

당신은 이 프로젝트를 완성하기 위해 나머지 20퍼센트를 더 투자하겠는가?

이 질문을 받은 사람 중 85퍼센트가 "투자한다."라고 대답했다. 이 제품이 라이벌 회사의 제품에 대해 경쟁력을 갖추지 못해 새로운 투자가 그대로 돈 낭비가 되더라도 그때까지 진행한 프로젝트를 포기하지 않고 필요한 금액을 계속 투자하겠다는 것이다. 그러나 이미 투자한 금액이 없다고 가정하고 같은 질문을 했을 경우, 즉 라이벌 회사의 제품보다 명백히 떨어지는 제품을 만들기 위해 20억 원을 쓰겠느냐고 질문했을 경우는 "그렇다."라고 대답한 사람의 비율이 크게 줄어들었다. 이 경우는 비용과 장래의 이익을 염두에 두고 합리적인 판단을 할 수 있었던 것이다.

그렇다면 왜 처음의 질문에는 이미 투자를 했다는 사실에 얽매인 것일까? 두말할 필요도 없이 실패할 경우를 생각하지 않기 때문이다. 이와 같은 현상을 우리 주변의 곳곳에서 발견할 수 있다. 이것을 '콩코드의 오류*' 혹은 '매몰 비용의 오류*'라고 부른다.

당신은 스키 여행을 예약했는데, 여행 당일이 되자 춥고 바람도 강했으며 눈이 심하게 내려 집에서 나가고 싶은 마음이 들지 않았다. 하지만 이미 상당 금액의 선금을 치른 상태였다..

자, 어떻게 하겠는가?

1 스키를 타러 가겠다.

2 아니면 따뜻한 집에서 쉬겠다.

상황은 거의 같지만, 이번에는 이벤트에 당첨되어 공짜로 가는 스키 여행이라고 가정하자.

자, 어떻게 하겠는가?

1 스키를 타러 가겠다.

2 아니면 따뜻한 집에서 쉬겠다.

　기묘하게도 두 번째 질문의 경우는 많은 사람이 집에서 쉬는 쪽을 선택한다. 한편 첫 번째 질문의 경우는 많은 사람이 투덜대며 외출 비용까지 들여서 스키를 타러 갔다가 추위 속에서 최악의 하루를 보내고 만다.

　당연한 말이지만, 여러분은 이 두 가지 사례에서 다른 행동을 할지도 모른다. 그러나 이 사례와 같은 행동을 했다면 그것은 '써버린 돈'이라는

---

*콩코드의 오류 concorde fallacy　　과거의 투자가 미래의 투자를 좌우하는 것. 무릇 사업가라면 "이미 상당한 돈을 투자한 콩코드기를 폐기시킬 수는 없어."라고 말해서는 안 된다. 설령 이미 거액을 투자했더라도 투자를 중지하고 그 계획을 포기하는 쪽이 미래의 이익으로 이어진다면 그렇게 해야 한다. 영국과 프랑스가 공동 개발한 초음속 여객기 콩코드는 개발 도중에 설령 완성하더라도 몇 가지 이유에서 채산성이 없다는 예측이 나온 상태였다. 그러나 그때까지 투자한 개발비가 거액이었던 탓에 개발을 강행했고, 결국 완성은 시켰지만 적자를 피할 수 없었다.

*매몰 비용의 오류 sunk cost fallacy　　'콩코드의 오류'와 같은 의미로, '선행 투자액이 거대하면 손실을 회피하려는 경향 때문에 미래의 예측을 종종 그르치는' 현상을 가리킨다.

심리학 트릭의 탓이다. 이미 쓴 돈을 버리고 싶지 않은 마음에, 이미 투자한 돈에 마음을 빼앗겨 정작 중요한 점을 잊고 만다. 그 선택을 한 결과 얼마나 더 비용이 들어가고 미래의 이익은 어떻게 될지를 생각하지 못하게 되는 것이다.

이 함정을 빠져나오기 위한 작은 비책은 이렇다. 여러분이 따뜻한 집에 있고 밖은 매섭게 춥다면 '따뜻한 집에 있을 수 있다면 얼마를 내더라도 아깝지 않아.'라고 생각하는 것이다. 그러면 스키 여행을 가기 위해 치른 돈이 머릿속에 떠오르긴 하지만(어쨌든 이미 낸 돈이므로) 그 손실이 아깝지 않게 된다. 이미 써버린 돈이 아까워 끙끙 앓을 바에는 그것을 다른 이익으로 환산해 보는 것도 현명한 방법이다.

'승자의 저주' 현상

축구 이적 시장이 문을 열었다. 빅 클럽의 구단주들은 올해 이적 시장의 핵심인 남미 출신의 선수 네이마르를 영입하기 위해 경쟁했다. 경매가 시작된 것이다.

구단주들이 생각하는 네이마르의 가치는 똑같다고(즉 공통된 가치관을 바탕으로 한 경매라고) 가정하자. 그리고 각 구단주는 가장 신뢰할 수 있는 전문가에게 선수에 대한 평가 정보를 얻으며, 전문가들의 판단은 원칙적으로 적절하다(평가의 평균은 네이마르의 실질적 가치와 같다)고 가정하자.

다만 센터포워드의 자질 헤딩, 드리블, 슈팅력, 창의성, 골문 앞에서의 침착함을 평가하기는 쉽지 않으므로 전문가들의 평가가 완전히 일치하지는 않다고 생각해야 한다. 즉, 각 항목의 평가에 다소간의 차이는 있다.

당연한 말이지만 네이마르를 가장 높게 평가한 전문가를 둔 구단주가 영입 경쟁에서 승리한다고 생각하는 것이 자연스럽다. 그런데 만약 그렇다면 경쟁에서 승리한 구단주는 손해를 보게 된다. 그래서 이른바 '승자의 저주'라는 말이 나오는데, 이 현상은 최근의 실험 경제학을 통해 광범위하게 증명되고 있다.

구단주의 역할이 얼마나 어려운지는 잘 알려져 있다. 구단주는 서로 반대 방향으로 끌어당기는 두 인자를 조절해야 한다. 영입 경쟁에서 이기려면 적극적으로 나서야 하지만, 너무 적극적이 되면 선수의 가치를 과대평가할 위험성이 커진다. 완벽히 합리적이 되려면 선수의 가치를 정확하게 평가해 최적의 오퍼를 해야 한다. 그러나 우리가 언제 어디에서나 합리적일 수는 없다. 이런 경쟁의 메커니즘을 충실히 재현하면서 실험하면 '승자의 저주'라는 현상이 얼마나 흔하며 '승자의 저주'로부터 자신을 지키기가 얼마나 어려운지 잘 알 수 있다. 상당 수준의 전문가이고 실험이 진행되는 도중에 계속 학습을 하면서 노력하더라도 자신의 승리에 씁쓸함을 느낄 때가 적지 않다.

그리고 심각한 점은 가공의 축구 이적 시장이나 연구를 위한 실험뿐만 아니라 거액의 돈이 오가는 현실 세계의 경쟁에서도 경쟁자들이 실제로 이런 오류를 저지른다는 사실이다. 일련의 조사에 따르면 석유나

가스 채굴 허가 시장에도 '승자의 저주'라는 현상이 광범위하게 만연하고 있는 모양이다(축구팀의 구단주가 대규모 석유 회사까지 가지고 있다면 저주의 위험성은 헤아릴 수 없을 만큼 높아진다). 또한 최근에는 이른바 제3세대3G 이동 통신 라이선스의 취득 경쟁에도 '승자의 저주'가 뿌리를 내리기 시작했다고 한다.[*]

미국과 영국, 그 밖의 국가에서는 제3세대 이동 통신 라이선스의 취득 경쟁이 정부에 거액의 이익을 안겨다 줬다(따라서 납세자들은 세금을 덜 낼 수 있었다). 그러나 승자가 된 회사는 단기간에는 흑자 전환이 불가능할 만큼의 부채를 떠안고 말았다. 이 경우 승자의 저주가 나타나는 것은 더욱 골치 아픈 일이다. 이동 통신 라이선스의 경매는 우수한 경제 전문가들이 승자의 저주가 나타나지 않게 한다는 목적으로 구상한 것이기 때문이다. 시장에서 라이선스의 진정한 가치가 드러나는 시기는 몇 년 후일 터이므로 그때까지 정부는 위기에 빠진 이동 통신 회사의 세금 공제나 우대 요청을 거부할 수 없게 된다.

---

[*] 유럽 각국에서 제3세대(3G) 이동 통신용 전파 주파수 경매에서 각 회사가 경매에 입찰해 수십억 달러나 되는 돈을 썼는데, 이 거액의 비용을 회수해야 한다는 점을 생각하면 과연 주파수 획득에 그만큼의 가치가 있느냐는 논란이 일었다.

수치의 암시 '앵커링 효과'

이번에 소개할 것은 전혀 다른 종류의 문제지만, 이 역시 중요한 교훈임에는 틀림없다. 예를 들어 정치적인 선택을 할 때나 돈을 투자할 때, 혹은 아이의 편도선을 제거해야 할지 고민할 때 등에 크게 참고가 될 것이다.

뉴욕에서 소아과를 운영하는 의사 A는 아직 편도선을 제거하지 않은 11세 아이 400명을 진찰하고 그중에서 45퍼센트의 아이에게 수술을 권했다. 한편 같은 마을의 의사 B는 A가 수술할 필요가 없다고 판단한 아이들을 진찰하고 그중 46퍼센트의 아이에게 수술을 권했다. 마지막으로 의사 C는 B가 수술을 권하지 않은 아이들을 진찰했는데, 그중 44퍼센트의 아이에게 수술을 권했다.

이것은 가상 사례가 아니라 실제로 미국 소아보건협회의 조사에서 밝혀진 놀라운 결과다. 뉴욕의 소아과 의사들은 도대체 어떤 이유에서 절제할 필요도 없는 아이들의 편도선을 제거하라고 권한 것일까? 이 경우가 바로 그들이 '앵커링 효과*'에 걸렸다고 추측할 수 있다.

도대체 어떻게 된 일인지를 이해하기 위해 이 현상이 처음 관찰되었을

---

*앵커링 효과 anchoring effect   배가 닻(anchor)을 내리면 닻과 배를 연결하는 밧줄의 범위 안에서만 움직일 수 있다는 사실에 비유한 현상. 처음에 인상에 남은 숫자나 사물이 그 후의 판단에 영향을 끼침을 의미한다. 일상의 쇼핑에서 다양한 비즈니스 상황, 주식 거래, 커뮤니케이션에 이르기까지 매우 광범위하게 일어나는 현상이다. 가령 정가인 10만 원에 빨간 줄을 긋고 7만 원으로 고쳐 쓴 가격표를 보고 '와, 싸다!'라고 느껴 충동구매를 하거나 '가장 높았을 때의 주가'에 의지해 주식을 파는 경우가 여기에 해당한다. 트버스키와 카너먼은 이것을 '휴리스틱에 따른 편견'의 세 번째 요인으로서 중요시했다.

때를 생각해 보기로 하자. 여러분 앞에 룰렛 같은 회전판이 있다. 각각의 칸에는 숫자가 적혀 있어서, 회전판을 돌리면 바늘이 어딘가의 숫자 위에 멈춘다. 이번에는 때마침 '65'라는 숫자 위에서 멈췄다. 그리고 여러분에게 질문을 한다. "아프리카 국가 중에서 유엔에 가입한 나라는 65퍼센트 이상일까요?" 여러분은 "정확한 숫자는 기억이 안 나지만 그 정도는 아닙니다."라고 대답한다. "알겠습니다. 그렇다면 아프리카 국가 중에서 유엔에 가입한 나라는 몇 퍼센트일까요?" 이 질문에 여러분은 "대략 45퍼센트 정도일 겁니다."라고 대답했다.

이제 다음 사람의 차례다. 이번에는 바늘이 '10'이라는 숫자 위에서 멈췄다. 이후 그 사람은 첫 번째 질문 ^{"아프리카 국가 중에서 유엔에 가입한 나라는 65퍼센트 이상일까요?"}에 "10퍼센트 이상"이라고 대답했고, 다음 질문 ^{"아프리카 국가 중에서 유엔에 가입한 나라는 몇 퍼센트일까요?"}에는 잠시 생각한 뒤 "25퍼센트 정도입니다."라고 대답했다.

바로 이런 식이다. 정확한 답을 모르는 사람들을 무작위로 선정해 실험을 실시한 결과, 사람들은 바늘이 '65'에 멈췄을 때는 '약 45퍼센트'라고 대답했고 '10'에 멈췄을 때는 '25퍼센트 정도'라고 대답했다. 질문과 아무런 상관도 없는 우연히 나온 숫자가 기준점^닻의 역할을 해서 아무리 '조정'을 해도 항상 그 주변을 맴돌고 마는 것이다.

소아과 의사들도 마찬가지였다. 의사 A는 11세 아이 중 약 50퍼센트는 편도선 제거 수술이 필요할 것이라는 예측에 닻을 내렸다. 이렇게 되면 임상 검사에 비추어 예측을 조정하려 해도 잘 되지 않는다. 의사 B와 C도 마찬가지다.

혹시 '나는 그런 바보 같은 행동은 하지 않아.'라고 생각한다면 커다란 착각이다. 다음 예를 살펴 보자.

한 IT 기업이 1주 2만 원의 가격으로 주식 시장에 상장되었다. 시장에서 경쟁할 것 같은 라이벌 회사는 1년 전에 같은 주가로 주식을 상장했는데, 현재 그 회사의 주가는 10만 원이 되었다.
그렇다면 IT 기업의 주가는 1년 뒤에 얼마가 될까?

라이벌 회사의 주가는 당연히 이 질문의 답을 좌우하지 않지만, 그럼에도 그 주가가 닻의 효과를 발휘할 것은 충분히 예상할 수 있다. 실제로 많은 사람이 라이벌 회사의 주가가 1만 원이냐 10만 원이냐에 따라 IT 기업의 1년 뒤 주가를 다르게 판단했다.

아울렛 스토어 흠집이 있는 상품이나 재고품을 할인 가격에 파는 특매점의 성공도 이 '앵커링 효과'로 설명할 수 있다. 많은 가게가 세일 기간이 아닌데도 1년 내내 싸게 팔고 있는 것처럼 보이는 것은 이 '앵커링 효과' 때문이다. 손님은 1년 내내 저렴한 가격에 상품을 샀다는 기분에 빠지는데, 그 이유는 오직 하나다. 가격표에 적혀 있는 정가가 닻이 되어 실제 판매 가격과 항상 비교되기 때문이다. 여러분이라면 정가가 4만 4,800원짜리 구두와 정가는 5만 원인데 할인을 해서 4만 4,800원이 된 구두 중 어느 쪽을 사겠는가?

더욱 교묘한 함정도 있다. 대부분의 재킷을 24만 원 정도에 판매하는 가게에서 12만 8,000원짜리 재킷을 발견하면 꼭 사야 한다는 생각이 들 것이다. 한편 대부분의 재킷을 8만 원 정도에 파는 가게에서 12만 8,000

원짜리 재킷을 본다면 너무 비싸다고 느낄 것이다.

'앵커링 효과'가 얼마나 침투했는지를 보여 주는 예는 그 밖에도 많다. 가령 선거 전에 후보자가 일자리를 200만 개 만들겠다는 공약을 했다고 가정하자. 사람들은 빤한 거짓말이라고 생각하지만, 닻은 이미 내려진 뒤다. 아무리 애쓴들 유의미한 조정은 불가능하다.

여기에서 얻을 수 있는 교훈은 이것이다. 스스로 닻을 내리기 전에, 혹은 누군가를 통해 닻이 내려지기 전에 충분히 주의를 하는 것이다. 이미 닻이 내려진 곳에서 멀리 벗어나기는 쉬운 일이 아니다.

4

선입견의
마법

우리의 머리는 믿을 것이 못 된다

경제 분야에 국한되지 않는 이 기묘한 '오류의(혹은 공포의) 화랑'에 발을 들여놓은 지금, 잠시 발걸음을 멈추고 왜 우리는 오류를 범하는지 생각해 보자. 그런데 오류에 대해 생각한다는 것은 정확히 무엇을 의미할까?

경제 활동을 하는 사람은 누구나(소비자나 마케터, 사업가, 투자가 등) 비용과 이익을 곰곰이 생각하면서 다양한 선택지 가운데 어느 하나를 골라야 한다. 그리고 대부분은 어떤 사항의 확률과 평가를 바탕으로 '불확실성'과 리스크를 감수하며 선택을 진행한다. 일상생활, 특히 경제의 측면에서는 '불확실성'이 활개를 친다(주식 시장은 끊임없이 변동하며, 기업가는 다양한 리스크 속에서 새로운 제품에 자금을 투입한다). 그러므로 우리의 선택이 어떤 것인지 이해하려면 먼저 확률을 바탕으로 한 판단 방법을 이해해야 한다.

이스라엘 출신의 천재적인 인지심리학자인 대니얼 카너먼과 아모스

트버스키(그는 카너먼의 평생에 걸친 친구이자 공동 연구자였지만 수년 일찍 세상을 떠나는 바람에 노벨상을 받지 못했다)는 사람들이 기존의 경제학이 주장하는 확률의 법칙에서 벗어난 판단을 하고 있음에 주목했다. 합리적이고 꼼꼼한 '나'의 곁에서 대충 빠르게 기계적으로 결정하고 싶어 하는 또다른 '내'가 참견을 하기 때문에 전자는 항상 후자를 주의해야 한다.

우리의 머리는 실제로 올바른 선택에 도움이 되는 모든 정보를 분석하지는 못하며, 확률의 법칙에 따라 정확한 계산을 할 수 있을 만큼 현명하지도 않다. 그런 탓에 종종 '사고의 지름길'에 의존하려 한다. 즉 빠르고 단순하며 직관적으로 판단하려 하는데, 이쪽이 쉽고 편함은 틀림이 없지만 문제는 이런 판단이 항상 적절하다고는 장담할 수 없다는 것이다.

그런데 재미있게도 어떤 미로에 갇히게 될지는 예측이 가능하다. 우리가 빠지기 쉬운 인식의 함정을 미리 알고 있다면 최적의(즉 합리적인) 상태로부터 크게 벗어나지 않은 범위에서 판단이나 선택을 할 수 있다. 카너먼은 수많은 실험과 사실을 바탕으로 이런 종류의 '사고의 터널'을 확인하고 여기에 '휴리스틱*(과 그 편향)'이라는 이름을 붙였다. 이것은 머릿속에서 일어나는 (의식적이거나 무의식적) 활동의 한 측면을 가리키는 말인데, 우리는 이를 통해 선택이나 결정을 하고(혹은 눈으로 본 것을 분석하고) 인지(혹은 감지) 작업을 실시한다.

휴리스틱이란 무엇이며 우리에게 어떤 영향을 끼치는지 이해하기 위해 몇 가지 예를 살펴 보자. 어떤 사람의 직업이 무엇인지, 가령 '사서'인지 '상인'인지 판단하라는 요구를 받았다고 가정하자. 무작위로 선정된 그 사람은 '안경을 쓰고 소심하며 역사책을 좋아한다.'는 특징이 있다.

이에 많은 사람은 너무 쉬운 문제라고 생각하면서 사서라고 대답한다. 그러나 그 판단은 틀릴 때가 더 많다. 이 세계에는 사서보다 상인이 훨씬 많기 때문이다. 따라서 그 사람은 사서가 아니라 상인일 확률이 더 높다. 이와 같이 '전형성(대표성*)'을 바탕으로 판단하면 실제로는 그렇지 않은 것이 그런 것처럼 보이는 경우가 무수히 많다.

두 가지 사실이 결합되어 참일 확률이 한 가지 사실만이 참일 확률보다 크다고 생각할 때에도 우리는 같은 유형의 실수를 저지른다. 이것은 확률 계산의 결합의 법칙에 명백히 모순되는 개념이다. 무슨 말인지 다음 예를 통해 생각해 보자.

린다는 31세에 독신이고 순진하며 매우 머리가 좋다. 철학과를 졸업했지만 학생 시절부터 인권과 사회 정의 문제에 관심이 많았으며 반전 시위에도 참가했다

---

*휴리스틱 heuristic   의사 결정을 하거나 판단을 내릴 경우, 엄밀한 논리로 답을 향해 한 발 한 발 다가가는 알고리즘 외에 직감적으로 빠르게 답에 도달하는 방법이 있다. 이것을 휴리스틱이라고 말한다. 우리말로는 발견법, 간편법, 어림셈 등으로 부른다. 단시간에 힘들이지 않고 만족스러운 결과를 얻을 수 있다는 장점이 있는 반면에, 때로는 생각지도 못한 실수를 저지를 수도 있다. 트버스키와 카너먼은 확실한 실마리가 없는 불확실한 상황에서 인간은 휴리스틱을 사용하는 경향이 있으며 이 때문에 때때로 비합리적인 판단과 의사결정을 내린다는 사실을 실증했다. 이것을 '휴리스틱에 따른 편향(bias)'이 발생했다고 한다. 트버스키와 카너먼이 인간의 합리적인 판단을 부정한 것은 아니다. '완전 합리성'의 인간상을 가정한 전통적인 경제학이 잘못되었음을 지적한 것이다. 판단의 편향이 비합리적이지만 일정한 경향을 지니고 있고 '예측 가능'하며 경제에 커다란 영향을 끼친다면 이것을 감안해 이론을 구축해야 한다는 것이 그들의 생각이었다.

*대표성 representativeness   '대표성'은 '휴리스틱에 따른 편향'의 첫 번째 요인이다. '대표성'이란 전형적이라고 생각되는 것('전형성'이라고도 한다)을 판단의 기준, 답으로 전용하는 것이다. '전형적이라고 생각되는 것'은 스테레오타입(고정 관념)이라고도 부른다. '대표성 휴리스틱'에는 '타당성의 착각', '불규칙한 사건에서 규칙성을 찾아내려고 하는 착오', '표본 크기의 무시'('소수의 법칙'의 착오), '평균 회귀의 잘못된 이해', '사전 확률의 무시' 등 여러 종류가 있다.

이제 다음의 각 항목을 가능성이 낮은 순서대로 나열하기 바란다.

A 린다는 세계화 반대 활동가다.
B 린다는 은행원이다
C 린다는 은행원이고 세계화 반대 활동가다

　대다수의 사람(보통은 80퍼센트)이 B(은행가)보다 A(세계화 반대 활동가)의 가능성이 높다고 판단한다. 그런데 C는 그 중간에 위치시킨다. 단순히 B보다 C(A와 B)의 확률이 높다고 생각하기 때문이다. '결합의 오류'라는 함정에 빠진 결과다. '결합의 오류'는 확률 계산과 모순되는 초보적인 논리 오류다. 두 가지 특성(은행원과 세계화 반대론자)의 결합 속에는 당연히 두 특성 중 하나(은행원)가 포함되어 있다. 다시 말해 은행원이면서 세계화 반대 활동가는 필연적으로 은행원인 것이다. 이것은 미국의 어딘가에 있는 대학의 신입생(트버스키와 카너먼이 초기 실험을 한 학생들)들만이 빠진 함정이 아니다. 의사 100명 가운데 무려 90퍼센트가 자신의 전문 분야에 대한 같은 부류의 질문에 똑같은 실수를 저질렀다.

　왜 우리는 이런 오류를 범할까? 그 이유는 이미 이야기했듯이 모두가 의식적이든 무의식적이든 '휴리스틱'을 사용하기 때문이다. '휴리스틱'은 무의식적으로 간단히 인지할 수 있는 방법으로, 때로는 복잡한 문제도 '손쉽고' 완벽하게 풀지만 그릇된 판단을 할 가능성도 그만큼 높다. 사서의 예와 같은 경우 우리는 '대표성', 즉 전형적인 모델(로 가정한 것)에 의지해 잘못된 결론을 이끌어내고 만다. 실제로 린다는 세계화 반대 활동가의 훌륭한 전형이고 세계화에 반대하는 은행가의 전형으로도 볼 수 있지만 은행원의 전형으로서는 조금 부적절하다. 그러나 '휴리스틱'을 사용해 '전형성'을 기준으로 확률을 생각하려 하면 오류를 범하게 된다.

미디어도 우리가 확률을 판단할 때 실수를 저지르도록 영향을 끼친다. 어떤 사건이 일어날 확률의 판단은 그 사건이 머릿속에 쉽게 들어오느냐 아니냐에 좌우된다('가용성*'이라고 한다). 가령 그 사건을 미디어에서 대대적으로 보도했다고 가정하자. 우리에게는 자극적인 사건이나 자신과 관련이 있는 사건의 확률을 과대평가하는 버릇이 있다. 가령 여름휴가철에 카리브 해의 섬으로 향하던 전세기가 추락했다는 뉴스를 보면 항공기 사고로 죽을 확률이 당뇨병으로 죽을 확률보다 더 높다고 생각하게 된다(실제로는 당뇨병 사망률이 훨씬 높다). 이것은 아마도 신문 기사화될 확률이 높은 비행기 사고가 좀 더 머릿속에 잘 떠오르기 때문일 것이다. 조류 인플루엔자가 매일 신문 지면과 텔레비전 화면을 장식하던 무렵, 사람들은 그 위험성과 그날그날의 행동에 신경을 크게 곤두세웠다. 사실은 닭 요리를 식탁에 올릴 때보다 밀라노에서 베네치아까지 자동차를 운전할 때 훨씬 신경을 집중해야 함에도 말이다.

*가용성 availability　'가용성'은 '휴리스틱에 따른 편향'의 두 번째 요인으로, 얼마나 쉽게 머릿속에 떠오르는가를 의미한다. 어떤 사건이 일어날 확률이나 빈도를 생각할 때 최근에 일어난 사건이나 과거에 있었던 현저한 사례와 특징을 떠올리고 이것을 바탕으로 평가하는 것이다. 어떤 사건이 텔레비전이나 언론에 소개되면 우리는 그것을 중대 사건이라고 생각하고 실제 확률보다 높게 평가하며 자신에게도 곧 일어날 일처럼 생각한다. 사회적인 정보를 전달할 때 무엇을 강조하느냐에 따라(예를 들어 강렬한 인상을 주는 영상이나 사진이 있으면) 다르게 전달된다. 곧 지진이 일어날 것이라고 하면 지진 관련 상품이 날개 돋친 듯이 팔린다. 조류 인플루엔자가 위험하다고 하면 닭고기를 먹지 않게 된다. '결합의 오류'는 '가용성에 따른 편향'의 일례라고도 할 수 있다.

판단을 내릴 때 누구나 저지르는 실수로는 이른바 '소수의 법칙*'이나 '평균 회귀*'의 과소평가, '도박사의 오류' 등이 있는데, 예를 들어 가며 순서대로 간단히 설명하겠다.

'소수의 법칙'은 어떤 일이 반복해서 일어날 때 비로소 다음에는 이렇게 될 것이라는 추측이 가능할 터임에도 겨우 몇 번밖에 일어나지 않았는데 다음에는 이렇게 될 것이라고 추측해버리는 것을 가리킨다(매우 비슷한 사건이 반복해서 일어날 경우에 한한다). 즉석 복권 열 장을 샀는데 그 중 두 장이 당첨이었다고 해서 복권의 당첨 확률이 20퍼센트라고 생각한다면 오산이다. 이런 상황은 표본으로는 통계를 구할 수가 없다. 기상 변화도 마찬가지다. 지구의 평균 기온이 매년 상승하는 추세라고 보도되고 있지만, 그렇다고 해서 내년이 올해보다 덥다고는 생각할 수 없다. 기상 같이 복잡하고 변화가 심한 시스템 속에서 실제 움직임을 찾아내려면 1년이라는 기간 정도는 무의미할 만큼 긴 세월의 데이터를 모아야 한다.

우리는 질서가 없는 곳에서 질서를 찾아내는 특수한 능력을 지니고 있

*소수의 법칙 law of small number   시행 횟수가 적음에도 '대수의 법칙'이 적용된다고 착각해 '평균값으로 회귀할 것이다.'라고 생각하는 것. 또 표본의 수가 적음에도 모집단의 성질을 나타내는 '대표성'이 있다고 여기는 것. 예를 들어 동전을 던져서 네 번 연속으로 앞면이 나오면 다음번에는 뒷면이 나올 것이라고 생각한다. 3할 타자가 3타수 무안타이면 다음에는 안타를 칠 가능성이 높다고 생각한다. 이 두 가지 사례는 '소수의 법칙'에 따른 '도박사의 오류'로도 볼 수 있다.

*평균 회귀 regression toward the mean   장기적으로 보면 평균값으로 돌아간다는 의미의 통계학 용어. 중간고사에서 좋은 성적을 냈지만 기말고사에서는 성적이 떨어졌다. 신인 때 좋은 성적을 기록한 프로야구 선수가 2년차에 성적이 하락하는 '2년차 징크스'를 겪는다. 사실 이런 현상들은 애초에 그 정도 실력이어서 '평균값으로 돌아간' 것인지도 모른다. 이치로는 4월과 5월에 타율이 2할 정도밖에 안 되어도 시즌을 마치면 항상 3할에 200안타를 달성했는데, 그런 이치로도 4타수 무안타를 기록하는 날은 있기 마련이다.

는 모양이다. 그저 우연히 일어난 사건에 있지도 않은 의미를 부여한다. 우연은 기묘한 작용을 할 때가 있는데, 우리의 머리도 그런 점에서는 차이가 없다. 가령 동전을 20번 던지면 앞면과 뒷면이 나오는 횟수는 정확히 배분될 것이라고 생각한다. 그래서 20번 중에 15번이나 앞면이 나오면 뭔가 속임수가 있지 않을까 의심하지만, 이렇게 적은 일련의 수에 '대수大數의 법칙'을 적용해 기나긴 반복 속에서나 발견할 수 있는 50퍼센트라는 완벽한 확률을 원하는 것은 무리한 기대다. 그러나 우리는 '적은 수'에도 우연의 법칙이 적용될 것이라고 믿는다. 과소한 것에서 과대한 추론을 하는 것이다. 가령 초보 주식 투자가는(아니, 전문 투자가도) 주식의 동향을 실제 이상으로 예측할 수 있다고 믿는 경향이 있다. 완전히 우연한 추이도 우연으로 보지 않고 어떤 모델에 따른 추이라고 해석한다. 그 모델에 특별한 의미나 가치를 부여하는 것이다. 그 의미는 사실 데이터 속이 아니라 우리의 머릿속에서만 존재하는데도 말이다. 우리는 통계적 표본이 적어 판단이 불가능한 경우에도 어떻게든 일반화를 시키려 한다.

이것을 확인하고 싶다면 아무 병원이나 좋으니 산부인과 병동에 가 보기 바란다. 깜짝 놀랄 만큼 많은 아기들을 보면 가령 보름달 같은 신비한 힘 때문이라고 '해석'하고 싶어진다. 이것이 그저 우연한 결과라고는 받아들이기 어렵기 때문이다. 우연한 사건의 연속에도 그 나름의 성격이 있으며 통계적 분석이 가능하다는 것은 '때늦은 지혜*'가 가르쳐 준다.

'평균 회귀'에 생각이 미치지 않는 것도 우연한 현상을 잘못 해석하기 쉬운 이유 중 하나다. 가령 어떤 축구팀이 6 대 0으로 이긴 뒤의 경기에서는 나쁜 성적을 낼 때가 많고 4 대 0으로 진 뒤의 경기에서는 좋은 성적을 낼 때가 많다고 가정하자. 이것은 두 경우 모두 단순히 첫 번째 경기의 결과가 극단적이고 드문 일일 뿐이다. 코치의 질책이나 징계성 결장의 효과처럼 생각되더라도 실제로는 평범한 통계적 현상에 불과할 때가 많다. 두 변수의 관계가 불충분할 때는 한쪽의 극단적인 수치가 다른 쪽의 극단적이지 않은 수치와 결부되어 생각되기 쉽다.

가령 부모와 자식의 키도 그렇다. 부모와 자식의 신장에는 명백한 관계가 있지만 그렇다고 해서 완전한 상관관계는 아니다. 통계상의 회귀현상으로 봐도 충분히 납득할 수 있는 것인데, 키가 매우 큰(가령 180센티미터가 넘는) 부모 사이에서 태어난 아이는 평균적으로 키가 매우 크지만 부모만큼 크지는 않고 오히려 작을 때도 있다(170센티미터라든가). 이것은 통계상의 사실이므로 쉽게 수긍이 가지만 우리는 그곳으로 '회귀'하지 못할 때가 많다. 비정상적인 값을 머릿속에서 완전히 떨쳐내지 못한다. 그래서 이례적으로 좋은 성적을 올린 팀이 다음 경기에서도 좋은 성적을 올릴 것으로 기대하며, 키가 큰 부모의 아이는 적어도 부모만큼은 클 것이라고 생각한다. 혹은 어떤 주식이 예상보다 더 상승하면 그대로 계속 상승하리라고 예상한다.

우리는 '평균 회귀'의 법칙을 올바르게 적용하지 않고 불확실한 직감에 의존한다. 그래서 평균에서 벗어나는 예측을 하고 만다. 이렇게 해서

---

*때늦은 지혜 hindsight　어떤 일이 일어난 뒤에 그 원인을 언급하는 것. 사전에 예측조차 하지 못했던 사건을 나중에 그것이 필연적이었다는 듯이 판단하는 심리적 편향의 일종이다. '자동차 사고를 냈어. 좀 더 신중히 운전해야 했는데.' 언뜻 '올바른' 원인처럼 보이기도 하지만, 그 진위를 깊이 파고들지 않고 그 시점에서 생각을 중단해버린다. 자신이나 타인의 행동에 대해서도, 스포츠의 결과에 대해서도 일상적으로 전개되는 추론이다.

실재하지 않는 것을 모두가 믿게 되는 경우도 종종 있다. 단순한 우연에 커다란 의미를 부여하는 버릇을 영원히 버리지 못하는 것이다. 〈스포츠 일러스트레이티드〉의 저주도 그런 경우다. 모르는 사람을 위해 간단히 설명하면, 이 유명한 잡지의 표지를 장식한 인물이나 팀은 이듬해에 재해나 성적 부진, 멈출 줄 모르는 쇠퇴 등 불운에 빠지는 징크스가 있다. 저주의 희생양이 된 선수는 한두 명이 아니며, 언론인 중에는 잡지가 나오고 정확히 2주 후면 저주가 현실이 된다고 말하는 사람까지 있다. 이에 대해 여러 가지 심리적, 물리적 근거가 제시되지만, 가장 타당한 설명은 오직 하나, 근거 따위는 없다는 것이다. 이 잡지의 표지 모델은 뚜르드 프랑스 매년 7월에 프랑스의 도로에서 펼쳐지는 세계적인 자전거 경주 대회—옮긴이 7회 연속 우승 같이 지극히 예외적인 성적을 거둔 선수들이다. 그리고 그런 독보적인 성적 뒤에 평균에 가까운 성적을 낸다 한들 그것은 전혀 이상한 일이 아니다. 이것이 〈스포츠 일러스트레이티드〉의 표지 모델이 되면 불행해진다는 징크스와 아무런 관계도 없음은 두말할 필요도 없다.

마지막으로 누구나 저지를 수 있는 오류를 들자면 '도박사의 오류'가 있다. 우연이 지배하는 곳에서는 어떤 사건을 그전에 일어난 일련의 사건과 관련짓기 쉽다. 앞에서 일어난 사건이 통계적으로 볼 때 독립적일 경우에도 그렇다. 가령 룰렛에서 처음에 빨간색만 나왔다면 '다음에는 검은색이 나오겠지.'라고 생각한다. 그러나 이런 예측에는 근거가 없다. 어떤 색이 나올 확률은 룰렛을 돌릴 때마다 원점으로 돌아가기 때문이다. 룰렛에는 기억력이 없다.

모두가 하는 착각

시각을 통한 지각 또한 휴리스틱의 하나가 될 수 있다. 이 무의식적인 감지 방법은 우리를 외부 세계와 관련지으면서 많은 것을 직감적으로(때로는 잘못) 해결시킨다. 뒤에서 소개할 인지 오류의 특성과 범위를 이해하기 위해 그것을 시각을 통한 지각의 이상異常과 비교해 보도록 하자(이 분야에서는 카너먼의 아내인 앤 트라이스먼Ann Treisman이 세계적인 전문가다). 다음 그림은 독일의 정신과 의사인 프란츠 뮐러 Franz Carl Müller-Lyer, 1857~1916가 1889년에 고안한 눈의 착각의 예다. 이 그림을 본 사람은 대부분 오른쪽 직선이 왼쪽 직선보다 길다고 판단한다그림1-1. 그러나 사실 두 직선의 길이는 같다. 이것은 다음 페이지의 그림 그림1-2과 같이 두 직선의 양쪽 끝을 연결하는 평행선을 그려 보면 금방 알 수 있다.

사전에 따르면 '착각'은 '잘못된 인상을 현실로 생각하는 오류'이다. 우리의 감각 기관과 그림1-1의 도형이 만나면 눈의 착각이 일어나는 것이다. 어떤 것을 실제와는 다르게 보면서도 자신이 본 것이 옳다고 생각한다. '빠르게' 혹은 직감적으로 판단하는 것도 이와 같아서, 자신은 제대로 계산하고 머릿속에서 충분히 궁리했다고 생각하지만 실수를 저지르고 만다.

이 유사성은 많은 것을 가르쳐 준다. 이런 유형의 오류는 모든 사람이 공통적으로 저지르며, 따라서 예측 가능하기 때문이다. 그때그때 다른 것이 아니라 항상 오른쪽 직선이 더 길어 보인다. 이 오류는 우연의 산물이 아니므로 이것이 일어나는 메커니즘과 자동성에 관한 설명과 연구

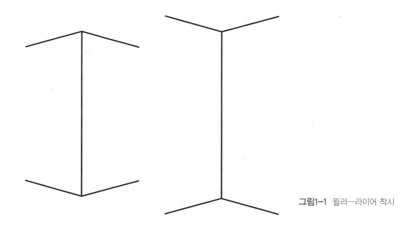

그림1-1 뮐러—라이어 착시

가 필요해진다. 왜 이 착각이 수없이 반복되는지에 관한 설명도 요구된다. 우리는 이런 그림을 보면 양쪽의 길이가 같음을 알게 된 뒤에도 오른쪽이 더 길다고 생각한다. 룰렛이나 추첨의 경우도 마찬가지여서, 매번 확률이 초기화되는 줄 알면서도 앞에서 나온 색이나 숫자는 당분간 나오지 않을 것이라고 생각하게 된다. 이 유혹은 매우 강하며, 이것이 가장 합리적인 판단이라고 믿는다.

인지의 착각은 많은 점에서 지각의 착각과 유사하다. 규칙적이고, 예측 가능하며, 반복되고, 누구나 빠져든다. '평범한 사람'이 자신이 잘 모르거나 자신과는 관계가 없는 것을 판단할 경우에만 국한되지 않는다. 경영자, 정치가, 대학 교수, 경제 전문가, 엔지니어, 브로커, 의사, 변호사 등 전폭적인 신뢰를 보낼 수 있는 우수한 전문가들도 '알고 있다는 착각'(이탈리아의 인지 과학자 마시모 피아텔리 팔마리니 Massimo Piattelli-Palmarini가 쓴 책의 제목을 빌리면)에 빠진다.

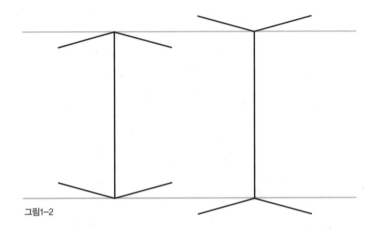

그림1-2

여기에서 말하는 규칙적인 인지 오류는 모두가 '지당하다.'고 생각하는 합리성의 법칙에서 어긋나는 것이다. 만약 여러분이 그 법칙이나 그 법칙에서 나온 이론을 알고 싶다면, 또한 지극히 합리적이고 감정에 전혀 얽매이지 않는 외계인은 어떤 식으로 생각하고 행동할지 알고 싶다면 다음의 설명을 읽어 보기 바란다. 만약 법칙 따위는 아무래도 상관없다면 이 설명은 건너뛰고 다음 장으로 넘어가도 무방하다.

비합리적이기에 인간이다

합리성의 기존 모델은 크게 세 줄기로 나뉜다. 세 줄기는 각각의 이론을 나타내지만 같은 형식 구조를 공유한다. 즉, 비교적 간단하고 알기 쉬운 자명한 이치에서 엄밀한 결론을 끌어낸다.

첫 번째 줄기는 논리학으로, 연역적 추리의 연구다. 일반적으로 추리는 몇 가지 전제와 하나의 결론으로 구성된다. 연역적 추리의 경우, 참인 결론은 반드시 참인 전제에서 나온다. 어떤 상황에서도 전제가 참인데 결론이 거짓인 일은 없다. 예를 들면 다음과 같다.

전제 1 축구 선수는 모두 사과를 좋아한다
전제 2 보보는 축구선수다
결론 그러므로 보보는 사과를 좋아한다

논리적으로 무효인 추리를 유효라고 생각하거나 유효한 추리를 무효라고 생각하면 논리학의 원칙을 깨게 된다. 첫 번째 줄기에 대한 유명한 오류로는 이른바 '후건 後件 긍정의 오류'가 있다.

축구 선수는 사과를 좋아한다.
보보는 사과를 좋아한다.
그러므로 보보는 축구 선수다.

이 예시를 보면 설령 전제가 둘 다 참이어도 결론이 거짓이 될 경우가 있음을 금방 알 수 있다. 실제로 사과를 좋아하지만 축구 선수가 아닌 사람은 얼마든지 있을 수 있다.

이번에는 다른 예를 생각해 보자. 자동차의 시동을 걸려고 열쇠를 돌렸는데 시동이 걸리지 않고 계기판의 불도 들어오지 않았다. 배터리가 방전되었는지도 모른다. 그러나 이 추론은 연역적이 아니다. 전제가 참이라고 해서 반드시 결론까지 참이라고는 장담할 수 없는 것이다. 실제로 배터리는 방전되지 않았지만 전기 회로가 고장 났거나 다른 문제가 있어서 계기판에 불이 들어오지 않았을 수도 있다. 전제가 결론을 이끌어내기 위한 근거는 되지만, 여기에서 언제나 참인 결론이 도출되지는 않는다. 이런 유형의 추리를 '귀납적 추리'라고 부른다.

통계학의 몇 가지 기본적 원칙의 기초를 이루는 확률론은 이런 종류의 추리를 연구할 때 중요한 역할을 담당하고 있으며, 기존의 합리적 사고의 두 번째 줄기를 이루고 있다. 린다의 예에서 이미 살펴본 '결합의 오류'는 확률론의 원칙 위반에 대한 간단한 예였다.

세 번째 줄기는 경제 전문가들이 좋아하는 수학 모델의 주인공인 '호모 에코노미쿠스*'를 특징짓는 합리적 선택의 이론으로 구성된다. 합리적 선택 이론은 어떤 선택을 할 때 각 개인(호모 에코노미쿠스)은 일관된 우선순위를 바탕으로 선택한다는 것이다. 일상생활 속에서 우리는 보통 불안감이나 리스크를 안고 무엇인가를 선택한다. 리스크나 불안감을 갖는 이유는 선택하는 사람이 그 선택의 결과를 사전에 명확히 알지 못하

---

*호모 에코노미쿠스 Homo Economicus   경제인. 호모 사이언스를 흉내 내서 만든 조어. 자신의 경제 이익을 극대화하는 것을 유일한 행동 기준으로 삼아 행동하는 인간의 유형이다. 전통적인 경제학 이론의 전제가 되지만 비현실적인 존재다. 호모 에코노미쿠스의 특징은 다음의 세 가지로 정리된다. ① 초합리적: 자신의 효용을 최대화하는 행동을 선택한다. 이를 위해 온갖 정보를 구사하고 이용하는 능력을 지녔다. ② 초자제적: 일단 행동을 결정하면 절대 바꾸지 않는다. 유혹에 굴복하지 않으며 강한 의지력으로 밀어 붙인다. ③ 초이기적: 행동을 결정할 때는 자신의 이익만을 생각한다. 타인을 위한 행동을 했더라도 이는 자신의 이익을 위해서이거나 대가를 기대한 것이며, 그런 의미에서 도덕이나 윤리와는 무관한 존재다.

기 때문이다. 좀 더 정확히 말하면 리스크를 염려하는 경우는 가령 복권이나 주사위 던지기의 경우처럼 결과의 확률을 알고 있을 때다. 우리는 아무런 속임수도 없는 정육면체 주사위를 굴렸을 때 '4'가 나올 확률이 6분의 1임을 알고 있다. 한편 불안감을 갖는 경우는 그런 확률을 미리 알지 못할 때다.

이런 경우에 자주 볼 수 있는 합리적 선택 이론은 '기대 효용 이론'이다. 어떤 이론인지 이해하기 위해 다음 예를 살펴 보자.

당신은 다음의 두 가지 도박 중 어느 하나에 돈을 걸 수 있다.

A 20퍼센트의 확률로 4만 원을 딸 수 있다.

B 40퍼센트의 확률로 1만 6,000원을 딸 수 있다.

자, 당신은 어느 쪽에 돈을 걸겠는가?

각각의 상금이 지닌 효용을 나타내기 위해 U(4만 원)와 U(1만 6,000원)를 사용하도록 하자(경제 분야에서 U는 효용 함수를 의미하며, 그 값은 실수로 나타낸다). 이 질문의 경우, A와 B의 기대 효용은 효용과 돈을 딸 확률을 곱해서 구한다. 따라서 A의 경우 U(4만 원)×0.2(20퍼센트)이므로 8,000원이된다. B의 경우는 U(1만 6,000원)×0.4(40퍼센트)이므로 6,400원이 된다. 그러므로 A에 돈을 걸면 기대 효용이 최대가 된다.

그러나 주의하기 바란다. '기대 효용 이론'은 이런 경우 어느 쪽을 선택해야 하느냐에 관해서는 다루지 않는다. 이 이론은 선택의 내용을 묻는 것이 아니라 선택의 구조에 관한 것이다. 가령 그날 밤에 마침 가진 돈이 얼마 없는데, 무엇인가를 하기 위해(가령 맥주를 마시기 위해) '1만 6,000원만 더 있었으면 좋겠는데…….'라고 생각했다고 가정하자. 이 경우는 두 상금의 금액 차이에 그다지 신경을 쓰지 않을지도 모른다. 금액의 차이(4만 원과 1만 6,000원)가 적을 때는 획득할 가능성이 낮은 고액보다 획득 가능성을 더 우선할 수도 있는 것이다. 그렇다면 B가 A보다 더 매력이 있게 된다.

이 이론이 합리적 인간에 대해 어떤 작용을 하는지 좀 더 자세히 살펴보기 위해 여기에서는 A를 선택했다고 가정하자.

이번에는 다음 두 가지 중 한 가지를 선택해 보자.

A* 50퍼센트의 확률로 4만 원을 딸 수 있다.

B* 무조건 1만 6,000원을 받는다.

자, 당신은 어느 쪽을 선택하겠는가?

이 경우는 무조건 1만 6,000원을 받는 쪽을 선택할지도 모른다(많은 사람이 이쪽을 선택한다). 그러나 앞의 예와 비교하며 생각해 보면 이것이 비합리적인 선택임을 알 수 있다. B보다 A를 선택하고 A*보다 B*를 선택한다면 '기대 효용 이론'을 거스르는 것이다. 간단한 계산을 해 보면 금방 이해할 수 있다.

여러분은 첫 번째 질문에서 B보다 A를 선택했다. 그러는 편이 더 큰 효용을 기대할 수 있다고 생각했기 때문이다. 이것은 다음과 같이 나타낼 수 있다.

0.2×U(4만 원)가 0.4×U(1만 6,000원)보다 높다.

양쪽을 0.2로 나누면,

U(4만 원)가 U(3만 2,000원)보다 높다. 즉, 4만 원의 기대 효용은 3만 2,000원의 기대 효용보다 크다.

그러나 두 번째 질문에서는 A*보다 B*를 선택했다고 가정하자. 여러분에게는 A*의 기대 효용이 B*보다 작은 셈이다. 즉,

0.5×U(4만 원)가 1×U(1만 6,000원)보다 작다.

양쪽을 2로 곱하면,

U(4만 원)가 U(3만 2,000원)보다 작다. 즉, 4만 원의 기대 효용이 3만 2,000원의 기대 효용보다 작다는 이야기가 된다!

만약 앞의 두 질문에서 A와 B* 혹은 B와 A*를 선택한다면 그것은 일관적이지 못한 선택이 된다. 이런 선택을 하는 사람은 모두 어떤 의미에서 비합리적이며, 호모 에코노미쿠스가 볼 때 이해할 수 없는 인간이다. 그러나 호모 에코노미쿠스는 경제학 교과서에나 존재하는 인물일 것이다. 아니면 '스타 트랙'에 나오는 초합리적 외계인인 스폭 박사이거나.

5

관점에 따라서는
이익

문제 제시 방식이 판단을 결정한다

 여러분이 손자에게 수학을 가르치려고 주사위를 꺼냈다. 주사위를 던진 다음 결과를 말로 설명하면 어떤 수가 나왔는지 맞히는 놀이다. 먼저 손자가 주사위를 던졌는데, "두 주사위의 합은 3이에요."라는 설명을 듣고 여러분은 '1'과 '2'가 나왔음을 금방 알 수 있었다. 이번에는 여러분이 주사위를 던졌는데, 공교롭게도 같은 숫자가 나왔다. 그러나 여러분은 손자에게 다른 방식으로 설명하기로 마음먹고 "두 주사위의 곱은 2란다."라고 설명했다. 그래도 손자는 '1'과 '2'를 금방 추리해냈다.

 "두 주사위의 합은 3이다.", "두 주사위의 곱은 2다."는 같은 결과를 다른 방식으로 표현한 것이다. 이와 마찬가지로 가령 금전적 이익도 표현 방식과 상관없이(물론 거짓이 없는 표현이어야 하지만) 같은 효용을 지니는 경우가 있다. 만약 여러분도 그렇게 생각한다면 여러분은 이른바 '표현에 따라 변하지 않는' 원칙을 믿고 있는 셈이다. 이 원칙은 합리성의 황금률 중에서도 매우 중요한 것이다. 합리적 인간이라면 아무도 여기에 의심을 품지 않는다. 실제로 어떤 판단이나 결정을 할 때는 명확한 데이터만을 근거로 삼고 싶으므로 두드러진 특징이 나타나지 않는 불필요한 것은 옆으로 치워 놓으려 한다. 그러나 많은 사람이 이 원칙도 어기는 경향이 있다. 예를 들면 다음과 같다.

당신은 어떤 군대의 대장으로, 600명의 병사를 이끌고 적지 한가운데에서 적군의 위협을 받으면서 어려운 전투를 벌이라는 명령을 받았다.

첫 번째 경우　사령부의 전갈에 따르면 적군이 매복하고 있어서 A와 B라는 경로 중 하나로 후퇴하지 않으면 600명이 전멸할 것이라고 한다.
A를 선택하면 산악 지대로 후퇴해 200명은 살 수 있다.
B를 선택하면 해안을 따라 이동하게 되며, 600명이 모두 살 가능성이 3분의 1이지만 한 명도 살지 못할 가능성이 3분의 2다.
당신이라면 산과 해안 중 어느 경로를 선택하겠는가?

두 번째 경우　사령부의 전갈에 따르면 적군이 매복하고 있어서 A와 B 중하나를 선택하지 않으면 600명이 전멸할 것이라고 한다.
A를 선택하면 산악 지대로 후퇴하는데, 400명은 희생될 것이다.
B를 선택하면 해안을 따라 이동하게 되며, 이 경우는 사망자가 제로일 가능성이 3분의 1이지만 600명이 전멸할 가능성이 3분의 2다.
당신은 산과 해안 중 어느 경로를 선택하겠는가?

이 질문에 대해 첫 번째 경우에는 A(72퍼센트)를, 두 번째 경우에는 B(78퍼센트)를 선택하는 사람이 많았다. 요컨대 많은 사람이 질문의 제시 방식에 민감하게 반응했다는 말이다. 표현 방식이 선택을 결정한다고 해도 좋을 정도다. 합리적으로 생각하면 두 경우 모두 A와 B에는 차이가 없다. 여기에 나온 정보만 봐서는 최종 결과도, 네 가지 선택지의 결과도 전부 똑같다. 결국 400명이 목숨을 잃게 된다.

산으로 가는 경로를 선택하면, 즉 선택지 A를 고르면 첫 번째 경우 200명이 살고 두 번째 경우 400명이 목숨을 잃는다. 요컨대 양쪽 모두 400명의 희생자가 나온다. 반대로 해안을 따라 이동하는 경로(선택지 B)를 선택하면 '기댓값 _{확률을 곱한 수치}'을 계산했을 때 두 경우 모두 200명이 목숨을 건질 수 있다. 첫 번째 경우는 600명 중에 3분의 1인 200명이 살 수 있으며, 두 번째 경우는 600명 중에 3분의 2인 400명이 목숨을 잃으므로 200명이 살아남게 된다.

그런데 이 예에서 보듯이 어떤 경로를 선택하느냐에도 문제의 제시 방식이 영향을 끼친다. 여기에는 '프레이밍 효과*'가 작용했다. 구할 수 있는 생명을 설명할 경우는 가급적 많은 병사를 구하려고 하기 때문에 신중해진다(첫 번째 경우). 그런데 잃게 될 인원을 제시하면 한 명도 잃고 싶지 않다는 마음에서 오히려 위험을 감수하고 만다(두 번째 경우).

이것을 투자에 대입하면, 사람들은 확실히 이익을 볼 확률이 높을 때는 신중해지고 확실히 손해를 볼 경우에는 필요 이상으로 리스크를 감수한다. 이것은 도박사들에게서 흔히 볼 수 있는 현상으로, 게임이 거의 다 끝나가는 시점에서 손해를 보고 있으면 적자인 상태로 끝내지 않으려고 하이 리스크 하이 리턴인 도박을 하게 된다.

경제학 교과서에서는 이런 유형의 문제를 해결할 때 최종적인 결과에만 주목하라고 가르친다. 실제로 손익을 생각할 때의 심리 프로세스는 특수한 상황이나 문제에 부딪히면 선택에 중요한 역할을 담당하면서 눈에 보이게 여러 가지 영향을 받는다.

이미지에 좌우되다

이번에는 경제에 관한 선택을 생각해 보자.

A   30만 원의 이익을 확실히 올릴 수 있다.

B   150만 원의 이익을 올릴 확률이 25퍼센트이지만 아무런 이익도 내지 못할 확률이 75퍼센트.

당신은 A와 B 중 어느 쪽이 좋은가? (대답을 정하고 다음 질문으로 넘어가라.)

---

*프레이밍 효과 framing effect   의사 결정을 할 때 질문이나 문제를 어떤 식으로 제시받느냐에 따라 선택 선호의 결과가 달라지는 현상. 질문 또는 문제를 제시하는 방식을 '프레임'이라고 부르는 데서 유래했다. 선호 선택의 '불변성'을 전제로 하는 전통적인 경제학의 '기대 효용 이론'에서 벗어난 현상의 대표적인 예다. 가령 수술 여부를 선택할 때 의사가 이야기하는 '생존율 95퍼센트'와 '사망률 5퍼센트'는 결과적으로 같은 이야기이지만 환자에게 주는 인상이 달라진다. 마찬가지로 돼지고기의 경우 '살코기 80퍼센트'와 '지방 20퍼센트'는 같은 의미이만, 후자와 같이 표기하면 손님들이 기피하게 된다. 또 상품을 할인 판매할 때 할인 비율로 표시하느냐 할인 금액으로 표시하느냐는 판매량으로 직결된다. 일반적으로 상품의 판매량은 라벨의 표시 방식, 패키지 디자인, 광고에 나오는 캐릭터 등에 좌우되며, 신문 보도의 경우도 퍼센티지로 표시하느냐 실수로 표시하느냐에 따라 받는 인상이 달라진다.

C 100만 원을 확실히 손해 본다.

D 150만 원을 손해 볼 확률이 75퍼센트이지만 아무런 손해도 보지 않을 확률이 25퍼센트.

어느 쪽을 선택하겠는가?

여기까지 왔으면 여러분은 많은 사람이 첫 질문에는 A를, 다음 질문에는 D를 선택하더라도 놀라지 않을 것이다(같은 내용의 실험에서는 84퍼센트가 A를, 87퍼센트가 D를 선택했다). 같은 문제에 대한 대답이 이익을 봤느냐 손해를 봤느냐의 제시 방식을 바꾸는 것만으로 달라지는 이유는 대체 무엇일까?

이미 살펴봤듯이, 선택지에 이익을 보는 금액이 제시되면 확실한 쪽을 선택한다. 반대로 손해를 보는 금액이 제시되면 확실한 손해보다 손해는 더 크더라도 운만 좋으면 손해를 보지 않을 수도 있는 쪽에 도박을 건다. 이렇듯 감정이 머릿속의 계산을 어지럽히는 현상은 결코 무시할 수 없다. 이 간단한 실험에서는 30만 원의 확실한 이익을 보는 쪽을 선택한 사람이 25퍼센트의 확률로 150만 원을 벌 수 있는 쪽을 선택한 사람보다 많았다. 한편 100만 원의 확실한 손해를 감수하는 사람보다는 150만 원의 손해를 볼 확률이 75퍼센트(기댓값이 112만 5,000원임에도)인 쪽에 도박을 건 사람이 많았다. '감정이 지배하는 경제학'은 참으로 기묘하지 않은가?

사망률보다 생존율로

선택이 중요한 것은 물론 경제만이 아니다. 의학적인 선택이라는 중대한 사태에 직면할 경우도 있는데, 이때도 지금까지 살펴본 바와 같은 현상이 일어나며 이 때문에 본질을 무시하는 선택을 하게 된다.

잠시 경제학에서 벗어나 〈뉴잉글랜드 저널 오브 메디신〉에 실린 실험에 주목해 보자. 앞에서 소개한 군 사령관의 경우와 비슷한데, 폐암에 걸렸다고 가정하고 외과 수술을 받을지 방사선 치료를 받을지를 선택하는 실험이다. 참가자들에게 미리 폐암과 두 치료법에 관한 대략적인 정보를 제공한 다음 두 그룹으로 나누고 각 그룹에 다른 질문을 던졌다.

외과 수술을 받은 환자 100명 가운데 90명이 수술에 성공했으며, 1년 뒤의 생존자는 85명, 5년 뒤의 생존자는 34명이었다. 한편 방사선 치료를 받은 환자 100명 중에서는 100명이 무사히 치료를 마쳤으며, 1년 후의 생존자는 77명, 5년 후의 생존자는 22명이었다.

당신은 어떤 치료법을 선택하겠는가?

외과 수술을 받은 환자 100명 가운데 10명이 수술 중에 사망했고, 1년 후에는 32명이, 5년 후에는 66명이 사망했다. 한편 방사선 치료를 받은 환자 100명 가운데 치료 중에 사망한 사람은 한 명도 없으며, 1년 후의 사망자는 23명, 5년 후의 사망자는 78명이었다.

당신은 어떤 치료법을 선택하겠는가?

주의 깊게 읽어 보면 두 질문의 의미는 사실 똑같은 것임을 알 수 있다. 첫 번째 질문에 나오는 "외과 수술을 받은 환자 100명 가운데 90명이 수술에 성공했으며"와 두 번째 질문에 나오는 "외과 수술을 받은 환자 100명 가운데 10명이 수술 중에 사망했고"는 완전히 똑같은 이야기다. 그러나 이 경우에도 문제 제시 방식의 차이가 선택에 커다란 차이를 만들어냈다. 생존자의 수가 제시되었을 경우는 82퍼센트가 외과 수술을 선택했지만, 사망자의 수가 제시되었을 경우는 그 비율이 56퍼센트까지 떨어졌다. 요컨대 정보를 다른 방식으로 제시하자 선택을 바꾼 사람이 약 4분의 1(26퍼센트)에 이른다는 의미다.

이 실험에서 놀라운 점 중 하나는 실험에 참가한 모든 그룹에서 선택의 괴리가 확연히 보였다는 사실이다. 정확히 말하면 다양한 통계와 결정 이론을 경유해 조사에 참가한 의사 167명과 학생 297명, 그리고 환자 119명에게서 선택의 괴리가 나타났다. 다양한 '프레임'이 의사와 환자, 통계 전문가 등 지능이나 능력에 상관없이 모두의 선택을 무의식중에 좌우한 것이다.

6

왜
손해만 보는가

왜 택시는 비가 오는 날에는 일찍 영업을 끝낼까

우리에게는 손익 계산을 어떤 틀 안에 집어넣고, 자신이 어떻게 행동할지는 주위의 상황에 맡기는 이상한 습성이 있다. 이 습성을 알면 모두에게 교훈이 되는 어떤 기묘한 현상을 이해할 수 있다.

비가 오는 날 러시아워에 맨해튼에서 택시를 잡기는 보통 어려운 일이 아니다. 왜 택시가 잡히지 않을까? 경제 심리학 연구자가 이 문제에 대한 답을 제시했다. 최근 어느 연구팀이 뉴욕의 택시 기사들을 대상으로 그들의 행동이 경제 이론에 부합하는지 조사했는데, 그들은 매일 목표액을 정해 놓고 그 목표액을 달성하면 영업을 마쳤다. 요컨대 손님이 많은 날에는 일찌감치 영업을 끝낸 것이다(가령 비가 오는 날에는 택시를 타려는 사람이 늘어난다). 손님이 많은 날에는 단시간에 목표액을 달성하므로 평소보다 일찍 일이 끝난다.

경제학적 관점에서 보면 택시 기사는 매출이 많은 날 열심히 일하고 적은 날에는 일찌감치 영업을 마친 다음 자유 시간을 즐기는 것이 합리적이다. 그런데 실제로는 노동 시간과 그날의 매출 사이에 마이너스의 상관관계가 있음을 알게 되었다. 택시 기사들은 단시간에 많은 매출을 올린 날에는 일하는 시간을 줄인 것이다.

이 현상을 어떻게 설명해야 할까?

사실 복잡하게 생각할 필요도 없다. 답은 간단하다. 택시 기사는 우리 대부분과 마찬가지로 손익을 똑같은 저울에 올려놓지 않는 것이다. 많은 사람은 손해를 본 탓에 잃은 것을 이익을 본 덕분에 얻은 것보다 크게 (두 배가 넘게) 생각한다(이것을 '손실 회피*'라고 한다). 가령 10만 원을 잃었을 때 느끼는 '커다란' 실망감을 메우려면 적어도 25만 원은 이익을 봐서 '커다란' 만족감을 느껴야 한다.

그런데 이것과 뉴욕 택시 기사의 '비합리성' 사이에 어떤 관계가 있는 것일까? 이야기는 단순하다. 그날의 매출 목표를 달성하지 못하면 택시 기사는 그것을 손실로 생각하고 손실을 메우기 위해 더 오래 일하려 한다. 한편 목표액을 달성하면 택시 기사는 이익을 본 기분이 들어서 더 오래 일하기보다 영업을 마치고 한잔 하려 한다. 그래서 우리는 아무리 기다려도 택시를 잡지 못하는 것이다.

---

*손실 회피(성) loss aversion   합리적으로 생각하면 '100만 원에서 얻는 만족도는 1만 원에서 얻는 만족도의 100배이며, 1만 원을 잃었을 때 느끼는 고통은 1만 원을 얻었을 때 느끼는 만족도와 같아야' 한다. 그런데 카너먼은 '인간은 같은 금액의 이익에서 얻는 만족보다 손실에서 받는 고통을 훨씬 크게 느낀다.'는 사실을 증명했다. 이것을 '손실 회피의 원칙'이라고 한다. 또한 '이익이 커질수록 만족도는 줄어들며, 손실이 커질수록 고통은 약해진다.'는 사실도 밝혀냈다. 앞에서 소개한 '보유 효과'의 원인 중 하나가 '손실 회피'에 있는데, 뒤에서 설명할 '가치 함수'의 그래프에 자세히 나와 있다.

이익을 낸 주식은 팔지만
손해를 본 주식은 팔지 않는다

이것은 뉴욕의 택시 기사에게서만 볼 수 있는 현상이 아니다. 사람은 누구나 손해 보기를 싫어하며, 투자가도 예외가 될 수 없다. 상승 중인 주식을 급하게 파는 투자가가 있는가 하면, 하락 중인 주식을 팔기를 주저하는 투자가도 있다. 여러분 자신이 그런 투자가에 속하는지 알고 싶다면 다음 테스트를 해 보기 바란다.

누군가가 당신에게 100만 원을 줬다고 가정하자. 그리고 당신은 두 가지 선택지 중 어느 하나를 선택할 수 있다.

A 50만 원을 더 받는다.

B 동전을 던져서 앞면이 나오면 100만 원을 받는다. 뒷면이 나오면 한 푼도 받지 못한다.

이번에는 누군가가 200만 원을 줬다고 가정하자. 그리고 당신은 두 가지 선택지 중 어느 하나를 선택할 수 있다.

A 50만 원을 잃는다.

B 동전을 던져서 앞면이 나오면 100만 원을 잃는다. 뒷면이 나오면 한 푼도 잃지 않는다.

대부분의 사람이 첫 번째 테스트에서는 A를 선택하고 두 번째 테스트

에서는 B를 선택한다. 이익을 올릴 때보다 손해를 회피하려 할 때 더 큰 리스크를 감수하려 하는 것이다. 이미 눈치 챘겠지만 선택지는 양쪽 모두 똑같다. A를 선택하면 150만 원이, B를 선택하면 200만 원이나 100만 원이 수중에 남게 된다.

물론 거리를 걷고 있는데 누가 갑자기 돈을 주는 일은 거의 일어나지 않는다. 그러므로 비현실적인 가정은 이쯤 하고 돈과 투자에 대해 진지하게 생각해 보자. 이제 온라인 주식 거래는 흔한 일이 되었다. 클릭 몇 번만 하면 싯가로 주식을 매매할 수 있는 것이다. 먼저 새로운 주식, 예를 들어 전력 공사의 주식을 사기로 한다. 그런데 현금이 충분하지 않기 때문에 현재 가지고 있는 주식을 일부 팔아야 한다. 그래서 X사의 주식을 팔지, Y사의 주식을 팔지 생각한다. 최근 수개월 사이에 X사의 주식은 20퍼센트 상승했고, 반대로 Y사의 주식은 20퍼센트 하락했다. 과연 어느 쪽을 팔아야 할까?

택시 기사와 마찬가지로 여러분의 목적도 최대한 이익을 내는 것이라면 유일한 합리적 선택은 바로 장래성을 판단하는 것이다. 이 경우 주식을 샀을 때의 가격은 자본 이득, 즉 내야 할 세금을 생각하기 위한 판단 기준이 된다. 이 관점에서 보면 하락 중인 주식을 파는 것이 타당하다. 그 주식에는 10퍼센트의 세금이 부과되지 않기 때문이다. 그렇다면 어느 쪽을 선택하느냐는 문제로 돌아가자. X사의 주식과 Y사의 주식 중 어느 쪽을 팔아야 할까? 광범위한 투자가를 대상으로 실시한 조사에 따르면 1년 동안에 파는 주식의 수는 수중에 남겨 두는 주식의 수보다 평균

3.4퍼센트 많다고 한다. 그렇다면 어떤 주식을 일찍 파는 것일까? 당연히 상승 중인 주식이다. 투자가들은 가지고 있어야 할 주식을 서둘러 팔고, 팔아야 할 주식을 늦게 파는 경향이 있다.

투자가들의 심리적 메커니즘은 맨해튼의 택시 기사와 완전히 일치한다. 그들은 대개 자신이 보유한 주식의 가격을 매입했을 때의 가격과 비교한다. 손익 계산의 판단 기준은 매입가다. 만약 현재의 주가가 매입했을 때의 가격보다 높으면 '확실히 이익을 내고 있다.'고 생각한다. 우리에게는 이익을 보고 있다고 생각하면 리스크를 회피하려는 경향이 있다. 그래서 이익이 확실하다고 생각하면 빨리 팔려고 하는 것이다. 반대로 현재의 주가가 매입했을 때의 가격보다 떨어졌다면 손해를 본 셈이된다(지금 팔면 확실히 손해를 보게 된다). 그런데 손해를 보고 있으면 리스크에 대한 인식이 달라진다. 손해를 확정하기가 싫어서 리스크를 감수하려한다. 그래서 결과적으로 주식을 늦게 팔게 되는 것이다.

장기적으로 손해만 보는 또 다른 이유는 '가급적 후회는 하고 싶지 않다.'는 심리다. 매입했을 때보다 주가가 하락했더라도 주식을 팔아서 돈으로 바꾸기 전까지는 아직 손해를 봤다고 할 수 없다. 그래서 '주식이다시 오르기 시작할지도 몰라…….'라든가, '매입 가격 근처까지만 오르면 바로 팔자.'라든가, '여기까지 떨어졌으면 슬슬 오를 때도 됐지…….' 라든가, '이제 바닥까지 내려왔으니 오르는 일만 남았어.' 같은 생각을하게 된다.

이런 생각에서 Y사의 주식을 놔두고 X사의 주식을 파는 바람에 손해를 계속 보게 되는 것이다.

저지르고 후회할 것인가,
하지 않았음을 후회할 것인가

어떤 백신이 1만 명에 10명의 사망자가 나올 위험성이 있다고 가정하자. 만약 그 백신으로 예방할 수 있는 병(예를 들어 특정한 인플루엔자)의 사망률이 1만 명에 10명 미만이라면 그 백신을 사용하고 싶은 사람은 아무도 없을 것이다. 이익보다 손해가 더 크기 때문이다.

그렇다면 이번에는 반대의 경우를 가정해 보자. 어떤 인플루엔자는 평균적으로 10만 명에 10명의 사망자가 나온다. 그래서 백신이 개발되었는데, 그 백신을 사용하면 부작용으로 사망자가 나올 우려가 있지만 인플루엔자의 사망률보다는 낮다. 이 경우, 앞의 예와 비교하면 백신을 맞는 쪽이 낫다고 생각할 수 있다.

그런데 많은 사람은 이 두 경우를 분리해서 생각하고 싶어 한다. 어린이 1만 명 중 10명의 비율로 사망하는 인플루엔자를 예방하기 위해 1세 아동에게 백신을 맞히려 하지 않는 것이다. 백신이 일으키는 부작용의 확률이 인플루엔자의 사망률보다 낮음에도 말이다. 이것은 '생략의 오류*'로 알려진 현상이다. 투여하지 않았을 때의 위험성이 투여했을 때의

---

*생략의 오류 false of omission　'통계의 함정' 중 하나로, 설령 '통계적으로 유의미'하다는 상관관계가 보였더라도 제 3의 변수를 간과한 탓에 잘못된 해석을 하는 것을 말한다. 예를 들어 '다이어트 식품을 많이 먹는 사람'과 '몸무게가 많이 나가는 사람'이 양의 상관관계를 나타내는 통계가 나왔다고 가정하자. 이 통계에서 '다이어트 식품은 효과가 없다.'는 결론을 내리는 것은 단락적이다. '몸무게가 많이 나가는 사람이 다이어트 식품을 많이 먹고 있는' 것뿐일지도 모르기 때문이다.

위험성보다 크더라도 백신을 투여함으로써 발생하는 리스크를 회피하고 싶어 하는 것이다.

'생략의 오류'에는 '후회하고 싶어 하지 않는다.'('후회 회피*'라고 한다)는 또 다른 측면이 있다. 이에 대해 설명하도록 하겠다.

A X 기계 제작 회사의 주식을 가지고 있는 A씨는 작년에 그 주식을 팔아서 Y 전력 공사의 주식을 사려고 했지만 결국 그대로 놔두고 말았다. 그런데 만약 그랬다면 1,500만 원의 이익을 낼 수 있었음을 알게 되었다.

B Y 전력 공사의 주식을 가지고 있는 B씨는 작년에 그 주식을 팔아서 X 기계 제작 회사의 주식을 샀다. 그런데 만약 Y 전력 공사의 주식을 팔지 않았다면 1,500만 원의 이익을 낼 수 있었음을 알게 되었다.

어느 쪽이 더 후회가 될 것 같은가?

많은 사람이 B씨가 A씨보다 '훨씬 후회할 것'이라고 대답했다. 그러나 원론적으로 말하면 이것은 의미 없는 질문이다. 양쪽 모두 결과는 똑같기 때문이다. 두 사람 모두 1,500만 원의 이익을 낼 기회를 놓쳤다. 그렇다면 사람들은 왜 B씨가 더 후회할 것이라고 생각했을까? 이유는 간단

*후회 회피 regret aversion   현재 그리고 미래에 대한 '후회를 꺼리고 기피하는' 인간의 심리가 의사 결정에 커다란 영향을 끼친다. 사람은 단기적으로는 실패한 행동을 더 강하게 후회하지만, 장기적으로는 하지 않은 것을 분하게 여기며 마음 아파한다. "20년이 지나면 한 일보다 하지 않은 일을 더 후회하게 된다."라는 마크 트웨인의 격언이 이를 잘 말해 준다.

하다. A씨의 후회는 (할 수 있었는데) 하지 않은 일에 대한 것인 반면에 B씨의 후회는 저지른 일에 대한 것이기 때문이다. 이 두 가지 후회에는 엄연한 차이가 있다. 결과는 같아도 하지 않은 것보다는 적극적으로 한 것이 더욱 뼈아프게 느껴지는 것이다. 누구나 후회에 동반되는 불쾌한 기분은 피할 수 없으므로 현재의 상황을 바꾸려고 결심하는 것은 현재의 상황을 유지하려 하는 것보다 어려운 일이다. 마치 전자의 책임이 더 큰 것처럼 생각하는 듯하다.

실제로 저지른 일, 혹은 할 수 있었지만 하지 않은 일에 대한 후회는 시간이 지남에 따라 변화한다. 며칠 혹은 몇 주처럼 시간이 얼마 지나지 않았을 때는 '괜한 선택을 했어.'와 같이 저지른 일을 크게 후회하지만, 몇 년처럼 오랜 시간이 지나고 나면 '그때 그 기회를 놓치지 말았어야 했는데……'와 같이 하지 않은 일에 대한 후회가 커진다. 가령 사람들에게 "최근 몇 달 사이에 있었던 일 중에서 가장 후회되는 일은 무엇입니까?"라는 질문을 던지면 "이러이러한 선택을 했는데, 그게 생각과는 다른 결과를 냈습니다." 같은 식의 대답이 돌아온다. 그런데 같은 사람에게 "지금까지 살아오면서 가장 후회되는 일은 무엇입니까?"라고 물으면 하고 싶었는데 하지 못한 일을 언급할 때가 많다. 단기적으로 떠나간 연인을 생각할 때 가장 가슴이 아프지만 장기적으로는 이루지 못한 사랑을 생각할 때 가장 가슴이 아픈 것이다.

우리가 후회를 느끼는 우울하면서도 바보 같은(그렇다고 해서 영향력이 적지는 않은) 사례는 또 있다.

마리오와 로자는 밀라노의 도로 한가운데에서 차량 정체 때문에 오도 가도 못하게 되었다. 각각 베네치아와 로마로 가는 고속 열차를 타려고 했던 두 사람은 결국 차에서 내려 달리기 시작했지만 두 사람 모두 열차 출발 시각보다 20분 늦게 역에 도착했다. 그런데 마리오는 타려던 열차가 정시에 출발했기 때문에 당연히 탈 수가 없었지만 로자는 타려던 열차가 18분 늦게 출발했기 때문에 결과적으로 아쉽게 열차를 놓치고 말았다. 자, 두 사람 중 누가 더 불쾌할까?

　결국 두 사람 모두 지각을 하는 바람에 열차를 타지 못했다. 그러나 이럴 때 우리는 사태를 객관적으로만 생각하지 못하고 이런저런 상념에 빠진다. '만약 택시가 다른 길로 갔다면…….', '회의가 2분만 일찍 끝났다면…….' 같은 식으로 말이다. 상황이 다른 방향으로 전개될 가능성이 있었을 때는 여러 가지 '만약'이 머릿속을 떠나지 않기 때문에 화가 치밀고 짜증이 나게 된다. 같은 이유에서 동메달을 딴 선수가 은메달을 딴 선수보다 만족도가 높다는 이야기도 많다. 3위에 입상해 메달을 받는 것은 기쁜 일임에 틀림없다. 한편 손에 닿을 것만 같았던 금메달을 놓쳤을 경우는 분한 마음이 백배가 된다. 그래서 객관적으로 보면 당연히 2위가 3위보다 좋음에도 주관적으로는 3위보다 2위의 만족도가 낮아진다. 2위는 패자 중에서 제일 높은 위치이고 3위는 그렇지 않은 것이다.

　이런 경우에 분한 마음이 커지는 이유는 '실현하지는 못했지만 손에 쥘 수 있는 거리에 있었는데, 한 발만 더 나아가면 됐는데…….'라는 생각 때문이다. 이 생각은 매일 그림자처럼 따라다니면서 수시로 머릿속에 떠올라서는 다른 결과를 낼 수 있었을지도 모르는 아슬아슬한 순간을 재현해낸다.

이것은 간발의 차이로 승리를 놓쳤을 경우나 생각했던 결과를 내지 못했을 경우에만 나타나는 감정이 아니다. 불운한 사건에 휘말릴 뻔하다 벗어났을 경우에도 나타난다. 기다리던 버스가 직전 정류장에서 폭파되었다거나 전화를 받는 바람에 놓친 열차가 탈선하는 등의 재해가 일어났을 때도 '기적적으로' 사고를 피한 사람의 이야기나 불운하게도 목숨을 잃은 사람의 일화 등이 무수히 따라다닌다. 어떤 사소한 일이, 시간이나 공간의 작은 어긋남이 금메달을 은메달로 바꿔버리거나 생사를 가르는 등의 일은 이성적으로 이해하기가 매우 어렵기 때문에 객관적으로 바라보지 못하고 개운치 못한 감정에 휩싸이고 만다.

재해 이야기는 이쯤 하고, 일상 속의 예를 하나 들어 보도록 하겠다.

A 게리는 슈퍼마켓의 계산대 앞에 줄을 서서 차례를 기다리고 있었는데, 그의 차례가 돌아왔을 때 계산원이 이렇게 말했다. "축하합니다. 10만 번째 손님이시네요. 상금으로 20만 원을 드리겠습니다."

B 허치는 다른 슈퍼마켓의 계산대 앞에 줄을 서서 차례를 기다리고 있었는데, 그의 앞에 있었던 사람이 100만 번째 손님이어서 상금으로 200만 원을 받았다. 그리고 그 뒤에 있었던 허치도 30만 원을 상금으로 받았다.

과연 누가 더 기분이 좋을까?

믿기 어려울지 모르지만, 리처드 탈러 Richard Thaler의 실험에 따르면 많은 사람이 (30만 원보다) 20만 원을 받은 게리를 선택했다. 간발의 차이로 200만 원을 받지 못한 원통함을 맛보지 않을 수 있다면 10만 원은 아깝지 않다는 것이다. 사실 이것도 놀랄 일은 아니다. 우리는 분한 기분을 맛보지 않기 위한 대가를 일상적으로 치르고 있다. 가령 주식을 사는 대신 저금을 하는 것도 그렇다. 주가가 오르고 있어도 모른 척한다. 또한 더 급여가 좋은 직장을 구할 수도 있을 텐데 월급이 짠 현재의 직업에 만족하기도 한다.

요컨대 사람들은 다양한 상황에서 후회하고 싶지 않은 마음에 결심을 뒤로 미루고, 자신감이 없어서 위축되며, 현재의 상황을 바꿀 수 있음에도 바꾸려 하지 않는다. 선택하지 않는 것도 하나의 선택임을 깨닫지 못한다.

7

돈에 관한
착각

실수입인가, 액면가인가

경제 분야에서의 거래는 모두가 알다시피 액면가 또는 실질 가치로 표현된다. 월급의 액면가가 400만 원이고 물가 상승이 없다면 실수입도 400만 원이다. 그러나 물가 상승률이 4퍼센트라면 월급은 액면 수입에서 물가 상승분을 뺀 384만 원이 된다. 액면가 표시는 일상생활 속의 짧은 기간일 경우에는 간편하기 때문에 자주 사용되는 방법이다.

여기에 물가 상승률이 과도하지 않을 때는 소소한 충동구매를 얼마나 할 수 있느냐의 척도도 된다. 그러나 기간이 길고 중대한 것이 대상일 경우(급여, 주택 가격, 대출 등)는 실질 가치가 거래의 진짜 가치를 더욱 잘 나타낸다.

'냉정할' 때는 많은 사람이 실질 가치와 액면가의 차이를 잘 이해한다. 그러나 흥분하면 액면가만을 생각하게 되며, 그렇게 되면 돈의 착각에 빠지고 만다.

다음의 두 사례를 생각해 보자.

A 임금 교섭 시기가 되었다. 물가 상승률이 4퍼센트인 상황에서 회사는 로버트에게 급여 2퍼센트 인상을 제안했다.
B 임금 교섭 시기가 되었다. 물가 상승률이 0퍼센트인 상황에서 회사는 마이클에게 급여 2퍼센트 삭감을 제안했다.
로버트와 마이클 중 누가 더 큰 만족을 느꼈을까?

물론 급여가 오르지 않는 편보다는 오르는 편이 더 기분이 좋다. 물가가 상승하지 않는 상황에서 급여가 오르면 물가가 오르는 상황에서 급여가 오를 때보다 훨씬 기분이 좋다. 그러나 물가 상승을 조정하기는 무리이므로 우리는 선택을 하는 수밖에 없다. 여러분이라면 어느 쪽이 좋은가? 어느 쪽이 여러분의 자존심에 상처를 입히지 않을 것 같은가?

양쪽 모두 임금이 2퍼센트 하락하는 셈이지만, 이럴 경우는 명목상의 수치에 주목해 물가 상승률이 0퍼센트인 상황에서 급여를 2퍼센트 삭감 당하기보다 물가 상승률이 4퍼센트인 상황에서 2퍼센트를 인상 받는 쪽을 선택하는 경향이 있다. 결과는 같더라도 명목 수치가 감소하는 것보다는 증가하는 편이 더 낫다고 생각하기 때문이다.

이번에는 다른 측면을 생각해 보자. '손실을 꺼린다.'(손실 회피성)는 현상은 기준점에 따라 나타난다. 그리고 가장 명쾌하며 만인에게 공통되는 기준점은 명목상의 것(이 경우는 현재의 급여)일 때가 많다. 이 때문에 돈에 관한 착각이 더욱 커지게 된다. 주지의 사실이지만, 물가 상승은 가장 불공평한 세금이다. 소득과 상관없이 모두에게 평등하게 적용되어 비교적 가난한 사람들에게 더 많은 타격을 입힌다. 원칙적으로 경제 조건이 다를 때 차이를 드러내는 것은 구매력이다. 한편 소득 평가는 실질적인 구매력뿐만 아니라 특히 은행에 얼마나 돈을 예금하고 있느냐에 달려 있다. 그러므로 실질상의 변화가 전혀 없어도 우리의 선택은 명목상의 변화로 이어지기 쉽다.

그런데 이 가설의 진위를 확인하려면 어떻게 해야 할까? 트버스키와 샤피어는 다음과 같은 간단한 질문을 고안했다.

경제상의 변화는 개인의 돈에 관한 선택에 영향을 끼칠 때가 많다. 미국에 전례가 없는 인플레이션이 발생해 온갖 분야의 경제에 그 영향이 파급되었다고 가정하자. 예를 들어 반년 사이에 급여와 연금, 온갖 복지 비용과 서비스료가 약 25퍼센트 증가했다. 이 시점에서는 수입도 지출도 이전보다 25퍼센트 상승했다.
어떤 사람이 반년 전에 가죽 소파를 사려다 말았는데, 당시 400달러였던 그 소파의 가격은 반년이 지난 지금 500달러가 되었다. 현재 그 소파를 사고 싶은 마음은 더 커졌을까, 줄어들었을까, 아니면 반년 전과 차이가 없을까?

이 실험에서는 43퍼센트가 더 커졌다고 대답했으며, 15퍼센트는 줄어들었다고, 42퍼센트는 변함이 없다고 대답했다.
400달러에서 25퍼센트 상승하면 500달러이므로 실질 가격은 변함이 없지만, 명목 가격이 오르면 팔려는 마음은 커지고 사려는 마음은 줄어드는 사람이 많다는 말이다. 재미있게도 "변함이 없다."라고 대답한 사람은 약 절반밖에 없었다.

공평성의 판단에 돈에 관한 착각이 개입하는 '시장의 실험'을 한 가지 더 소개하겠다. 카너먼과 크네시 Jack L. Knetsch, 탈러가 실시한 실험이다.

한 회사가 물가 상승이 없는 상황에서 직원들에게 7퍼센트의 임금 삭감을 통보했다. 또 다른 회사는 물가 상승률이 12퍼센트인 상황에서 5퍼센트의 임금 인상을 직원들에게 통보했다. 만약 여러분이 이런 상황에 놓였다면 어떻게 생각하겠는가?

실질 소득은 양쪽 모두 같다. 그러나 62퍼센트가 전자를 부당하다고 판단했으며, 후자를 부당하다고 판단한 사람은 22퍼센트에 그쳤다.

공평성을 판단할 때도 많은 사람이 다른 수많은 경우와 마찬가지로 실질 변화가 아닌 명목상의 변화를 기준으로 삼는다. 이유는 명백하다. 명목상의 변화는 머릿속에 떠올리기가 수월하고 평가하기도 쉬우며 생각하기도 편하기 때문에 적용하기가 용이하며 겉으로 보기에는 객관적이기도 하다. 그러나 만약 그렇다면 우리 중 대부분은 착각의 세계 속에서 살고 있다고 해도 과언이 아니다.

지금까지 살펴본 명목상의 표현과 실질상의 표현의 상호 작용에 관한 효과는 다양한 상황 속에서 발견된다. 올바름과 올바르지 못함의 구별,

자신의 행복과 타인의 행복의 비교 등의 경우가 그러한데, 지금부터 그
러한 것들을 살펴 보도록 하자.

자신의 급여보다 동료의 급여가 더 신경 쓰인다

논리적으로는 똑같은 문제임에도 겉모습을 바꾸자 바라보는 시각이
달라지는 예를 살펴 봤다. 이것은 어떤 것이 공평한지 불공평한지를 생
각할 때도 적용된다.

어느 날 여행을 떠났는데, 도중에 휘발유를 보급해야 하는 상황이 되었
다. 도쿄 시내를 빠져나오기 전에 주유소에 들렀는데, 다음과 같은 현수
막이 걸려 있었다. "1리터에 1,500원. 신용카드로 결제하면 2퍼센트가
가산됩니다."
돌아오는 길에 다시 휘발유가 부족해졌다. 요코하마의 주유소에 들어가
자 다음과 같은 현수막이 걸려 있었다. "1리터에 1,530원. 현금으로 결제
하면 1,500원으로 할인해 드립니다."
당신은 두 주유소의 가격 표시 방법 중 어느 쪽에 더 호감을 느끼는가?

아마도 요코하마의 주유소일 것이다.

이번에는 코카콜라와 펩시콜라가 특수한 자동판매기를 고안해냈다고 가정하자. 그 자동판매기에는 그날의 기온을 감지하는 센서가 달려 있어서, 더운 날과 추운 날을 구별한다. 그리고 더운 날에는 목이 말라 청량음료를 찾는 수요가 늘어나므로 그만큼 가격을 올린다.

코카콜라는 더운 날에는 콜라를 1,600원에 팔고(전기 요금도 많이 나가므로), 추운 날에는 1,500원에 판다.

펩시콜라도 같은 가격에 팔지만, 코카콜라와 달리 추운 날에는 '할인 가격'이라고 표시된다.

당신은 어느 쪽이 더 마음에 드는가? 어느 쪽이 공평할까?

카너먼과 동료들이 실시한 이런 부류의 실험을 통해 알게 된 사실은 경제적 거래의 정의正義나 공평함이 객관적 수치뿐만 아니라 비교, 정당화, 동기 부여, 게시 방법 등 여러 가지 조건에 좌우된다는 것이다. 그리고 가장 중요한 것은 그 거래가 공평하냐 아니냐다. 지금까지 살펴봤듯이, 두 사람이 금전적으로 같은 상황에서 출발해 같은 상황에 도달하더라도 한쪽은 공평하게 대우받았다고 생각해 만족하지만 다른 한쪽은 만족하기는커녕 사기를 당했다고 느낄 수가 있다.

여기에서 모두가 알고 있는 또 하나의 재미있는 현상이 나타난다. 어떤 사람이 자신의 급여에 만족하느냐 만족하지 못하느냐는 급여의 액수뿐만 아니라 동료가 받는 급여와의 비교 결과에도 좌우된다는 사실이다. 자신이 벌어들인 금액뿐만 아니라 타인의 수입과 비교했을 때 자신이 얼마나 벌어들였는가에도 신경을 쓰는 것이다. 회사는 급여와 보너스,

그 밖의 혜택을 계산할 때 직원이 자발적으로 일할 마음이 생기도록 공평성을 유지하기 위해 노력한다. 경제학자인 로버트 프랭크Robert H. Frank는 사람들이 어떤 결정을 할 때 사회적 비교가 얼마나 위력을 발휘하는지 설명했다. 그는 자신의 저서인《정당한 가격으로 물건을 산다》에서 "우리는 사회생활을 하면서 절대적으로 좋은 처지가 아니라 상대적으로 좋은 처지를 선택한다."라고 말했다. 이것은 이미 1960년대에 알려진 사실로, 케임브리지 대학 트리니티 칼리지의 비교 사회학자이자 역사 사회학자인 개리 런시면Garry Runciman이 풍부한 실례를 통해 설명했다. 그는 마르크스주의 역사가들로부터 무시당하고 모욕당하면서도 저서인《상대적 손실과 사회 정의 - 20세기 영국의 사회적 불공정에 대한 태도 연구》에서 적어도 최근 2세기 사이에 급여 상승의 근원이 된 동기는 절대적인 불공평감이 아니라 상대적인 불공평감이었다고 주장했다. 어떤 노동자(광부, 철도원 등)의 대우가 어느 날 갑자기 다른 노동자(미장이, 기계공 등)의 대우보다 좋아지면 후자는 전자의 수준까지 "대우를 개선해 달라."고 맹렬히 요구한다.

조직적인 행동을 연구한 하버드 비즈니스 스쿨의 맥스 베이저먼Max H. Bazerman은 자신의 학생들을 이용해 지금까지 이야기한 생각을 증명해 보였다. 그는 학생들에게 어떤 일정 기간의 일거리를 수락할 것인지 질문했는데, 그 내용은 대략적으로 다음과 같다.

1 A사는 당신에게 연봉 5,000만 원을 주겠다고 한다. 이 회사는 모든 신입 사원에게 5,000만 원의 연봉을 주는 것으로 알려져 있다(이후 업무 내

용에 관한 설명이 이어진다).

2 B사는 당신에게 연봉 6,000만 원을 주겠다고 한다. 이 회사는 신입
사원에게 6,500만 원의 연봉을 주는 것으로 알려져 있다(이후 업무 내용에
관한 설명이 이어진다).

이 질문에 대해 학생 32명 중 22명이 A사를 선택했고, 10명만이 B사
를 선택했다.

당신이라면 어떻게 하겠는가? 당신은 이렇게 생각할지도 모른다. 'B
사에 가면 A사보다 연봉은 더 받지만 나를 낮게 평가했으니까 다른 신입
동기보다 낮은 직위에 배속시키겠지. 이런 출발은 사절이야.' 요컨대 벌
이는 조금 적어도 좋으니 높은 평가를 받고 싶은, 특히 동료들에게 열등
감을 느끼고 싶지 않은 것이다.

일반적으로 많은 사람이 비교적 좋은 직위에 오르는 쪽을 선택한다.
용의 꼬리보다는 뱀의 머리이고 싶어 하는 것이다.

1,000만 원의 이익을 얻은 기쁨보다
1,000만 원을 손해 본 충격이 훨씬 크다

지금까지 살펴 본 돈에 관한 다양한 오류에는 어떤 공통된 성격이 있
다. 그리고 그 성격에는 '일반인'의 선택을 특징짓는 인지상의 특성이 반

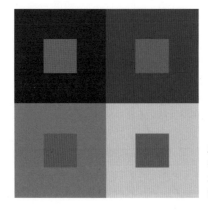

그림2
작은 정사각형 네 개의 밝기는 전부 같지만,
그것이 놓인 배경의 밝기에 따라
밝게 보이기도 하고 어둡게 보이기도 한다.

영되어 있다. 호모 에코노미쿠스는 수학 모델 같은 추상적이고 순수하며 정확한 세계에서 살고 있지만, 일반인은 변화무쌍하고 무질서하며 혼란스러운 세계에서 살고 있다.

우리의 결정 방식을 잘 보여주는 예를 몇 가지 소개하겠다(이번에도 대니얼 카너먼과 아모스 트버스키가 활약한다). 먼저, 평범한 사람의 감각 기관은 절대적인 수치를 측정하기보다 변화나 차이를 파악하도록 만들어져 있음을 알아야 한다. 가령 손을 물에 담근다고 가정하자. 물의 온도가 같더라도 손이 그때까지 추운 곳에 있었다면 '뜨겁다.'고 느끼며, 반대로 더운 곳에 있었다면 '차갑다.'고 느낀다. 밝기나 소리, 온도의 경우도 그때까지 놓여 있던 상태를 기준으로 반응한다.

그림2를 통해 여러분 스스로 확인해 보기 바란다. 색의 농도가 다른 네 개의 정사각형 안의 작은 정사각형을 보면 배경의 차이에 따라 다른 색조를 띤 것처럼 보인다. 배경이 어두운 곳에서는 더 밝게, 배경이 밝은

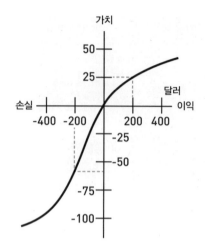

그림3
카너먼이 노벨 경제학상을 수상한
계기가 된 전망 이론의 가치 함수.
여기에서는 가로축이 손익 금액이다.

곳에서는 더 어둡게 보인다. 작은 정사각형의 명암은 사실 네 개 모두 같지만, 사람이 파악하는 밝기는 절대적이 아니라 상대적이기 때문이다.

　카너먼과 트버스키는 이와 같은 원칙이 부와 명예, 건강처럼 감각 기관과는 관계가 없는 곳에도 적용됨을 직감했다. 부나 명예 등을 판단할 때도 절대적이고 추상적인 개념을 척도로 삼는 것이 아니라 기준이 되는 수준과 얼마나 다른가를 보려고 한다. 기준점은 시간과 함께 변화하지만, 보통은 현재의 상황이 기준이 된다.

　노벨상 수상의 계기가 된 이 이론(이른바 전망 이론*)을 제창한 지 20년

---

*전망 이론 prospect theory　　카너먼과 트버스키가 제창한 실증적인 의사 결정 이론. 전통적인 경제학에서는 '기대 효용 함수'를 (효용)×(그것이 일어날 확률)로 계산하며 확률에 객관적 수치를 적용한다. 전망 이론은 이 '기대 효용 함수'의 대체 이론으로 고안되었는데, '가치 함수'와 '확률 가중 함수'로 구성된다. 가치 함수는 절대적 가치가 아니라 평가의 기준이 되는 기준점에서의 변화를 통해 얻는다(기준점 의존성). 확률 가중 함수는 확률에 주관적인 가중치가 있음을 의미한다. 사람들은 이익을 보면 위험 회피형(확실성을 선호한다), 손실을 보면 위험 추구형(도박을 선호한다)이 된다. 그리고 이익·손실이 작을 경우는 변화에 민감하지만 커지면 민감도가 둔화된다. 같은 금액일 경우는 이익을 얻음에 따른 만족도보다 손실을 입음에 따른 충격이 더 크다(손실 회피성).

뒤, 어떤 업적을 가장 자랑스럽게 생각하느냐는 질문에 카너먼은 다음과 같은 의미심장한 대답을 했다. "가치는 수준 자체가 아니라 경제적 수준의 차이를 기반으로 측정된다는 이론입니다."

평범한 사람의 판단을 파악하는 데 복잡한 수학적 모델은 필요가 없으며, 그림3과 같은 단순한 곡선으로 파악할 수 있다. 가로축에는 이른바 객관적으로 바람직한 상태(오른쪽)와 바람직하지 못한 상태(왼쪽)가 놓인다. 금전적인 측면의 이익과 손실, 업무상의 성공과 실패, 좋아하는 팀의 승리와 패배 등을 상상해 보자. 한편 세로축의 위쪽에는 주관적 혹은 심리적으로 바람직하다고 생각되는 변화가, 아래쪽에는 '감정이 지배하는 경제학'이 바람직하지 않다고 산출한 결과가 놓인다. 곡선은 도박이 성공했을 때나 실패했을 때, 급여가 인상됐거나 삭감됐을 때, 갑자기 일이 생겨서 돈을 융통했거나 생각지도 못한 수입이 들어왔을 때 어떤 기분이 되느냐는 질문에 대한 대답을 나타낸다. 곡선은 좌우 대칭이 아니며 '호모 에코노미쿠스'라면 보여야 할 완벽한 직선이 아닌 것은 우리 인간이 '합리적 존재'가 아님을 잘 나타낸다.

곡선을 주의 깊게 관찰해 보자. 먼저, 양 축이 교차하는 기준점으로부터 멀어질수록 곡선이 평평해짐을 알 수 있다. 기쁨이나 분함 같은 주관적인 효용은 손실이든 이익이든 가장자리로 갈수록 감소한다는 말이다(우리는 1만 원과 1만 50원의 차이보다 50원과 100원의 차이에 훨씬 민감하다).

다음으로, 곡선이 오른쪽 위(이익)로 향할 때는 볼록한 모양이지만 왼쪽 아래(손실)로 향할 때는 오목한 모양임을 알 수 있다. 이것을 보면 우리는 이익을 볼 것 같을 때는 확실성을 선호하고 리스크를 꺼리지만(위험 회피), 손해를 볼 것 같을 때는 리스크를 감수하는(위험 추구) 경향이 있음을 알 수 있다. 또한 (오른쪽 위보다) 왼쪽 아래에서 커브가 급해진다는 것은 이미 여러 번 살펴 봤듯이 손해를 봤을 때의 불쾌함이 이익을 봤을 때의 기쁨보다 한층 강함(손실 회피)을 보여준다. (그림3의 점선에서) 가령 200달러의 이익을 봤을 때의 기쁨이 '25'라면 200달러를 손해 봤을 때의 분함·불쾌함은 그 두 배인 '50'을 넘어섬을 알 수 있다. 사람들이 100달러를 딸 확률이 50퍼센트이고 100달러를 잃을 확률이 50퍼센트인 도박에 돈을 걸려고 하지 않는 이유는 바로 이 때문이다. 이기면 25만 원을 따고 지면 15만 원을 잃는 도박에조차 돈을 걸려 하지 않는다. 많은 사람은 이기면 약 36만 원에서 40만 원을 따지만 지면 16만 원을 잃는 도박일 때 비로소 돈을 걸 마음이 생긴다. 이를 단순화하면, X원의 손실이 유발하는 아픔은 같은 금액을 얻었을 때 느끼는 기쁨의 두 배 이상이라는 뜻이다. 요컨대 X원의 손실이 낳은 우울함을 씻어내려면 X원의 두 배이상의 이익을 얻어야 한다.

우리의 머리는 객관적 상황과 지각된 현실 사이에서 필터가 되어 두축이 교차하는 기준점을 바탕으로 온갖 행동을 이익과 손실, 승리와 패배로 분류한다. 기준점이 변하면 행동 방식도 달라진다. 교섭(화평 교섭이나 전쟁 회피 교섭을 포함해)을 할 때 전략이 중요한 것은 바로 이 때문이다. 전략은 매일, 매시간, 매 사례마다 변화하며, 변화해야 한다. 이런 심리적 메커니즘을 구사하는 거래 전문가는 이 사실을 잘 알고 있다.

소비자도 가령 어떤 슈퍼마켓이 특정 기간에 세일 중인 상품만을 10퍼센트 할인하는지, 혹은 모든 상품을 항상 2퍼센트 할인하고 여기에 계절 할인을 3퍼센트, 판촉 상품 할인을 5퍼센트 추가하느냐에 따라 행동 방식이 달라진다. 많은 사람이 후자를 더 좋게 생각한다. 그리고 결제를 할 때 현금으로 결제하면 할인을 해 주고 신용카드로 결제하면 수수료를 추가로 받는 가게도 있다. 결국은 (휘발유 가격의 경우처럼) 어느 쪽을 선택해도 마찬가지이지만, 인상은 상당히 달라진다. 실제로 변화하는 것은 우리의 감정의 기준점이며, 이익과 손실을 분류할 때의 판단 기준이다.

그러나 여기에는 분명한 사실이 하나 있다. 여러분을 상대하는 사람은 여러분의 선택을 자신에게 유리하도록 유도하는 데 둘째가라면 서러워할 전문가라는 사실이다. 일반적으로 사람은 '확실성 효과*'에 특히 민감하다. 어떤 결과가 나올 확률이 감소했을 경우, 확률이 단순히 감소할 때보다 확실히 '제로'가 될 때의 충격이 더 크다. 러시안 룰렛에서 권총에 장전된 탄환을 한 발 제거할 경우, 장전된 네 발 가운데 한 발을 제거할 때보다 한 발밖에 없는 탄환을 제거할 때 더 큰 돈을 건다. 양쪽 모두 감소하는 확률은 같지만(6분의 1), 6분의 4에서 6분의 3으로 감소할 때보다는 6분의 1에서 제로로 감소할 때 훨씬 마음이 흔들리는 것이다. 이와 같은 예로, 사람들은 피부 부작용 확률을 1만 명당 15명에서 10명으로 줄인 화장품보다 5명에서 0명으로 줄인 화장품에 기꺼이 돈을 낸다.

*확실성 효과 certainty effect   사람은 어떤 사건이 일어날 확률을 생각할 때 주관적인 가중치를 부여한다. 즉, 확률이 '0'이나 '1'(100퍼센트)에 가까워지면 매우 민감해진다. 가능성이 아예 없어지거나 확실해지는 것에 민감도가 높다. 그리고 이 가운데 확률이 '1'이 되는 것, 즉 확실해지는 것을 '확실성 효과'라고 한다. 이것은 노벨 경제학상을 받은 프랑스의 경제학자 모리스 알레(Maurice Félix Charles Allais, 1911~2010)가 발견한 것으로, '기대 효용 이론'에 대한 첫 비판이 되었다. '알레의 역설'이라고 부른다.

Part 2

경제에
먹히지 않으려면

자신의 판단 능력을 평소에 과신하고 있으면 리스크를 과소평가하기 쉬우며 자신이 상황을 능숙히 통제할 수 있다고 착각하기도 쉬워진다. 이것은 많은 운전자가 빠지는 과신과 유사하며, 투자를 할 때 잘못된 판단을 하는 주된 원인 중 하나이기도 하다.

리스크를
정확히 읽어라

선택의 일관성을 유지하라

먼저 다음 선택지를 읽어 보기 바란다(그다지 현실감 있는 이야기는 아니지만).

1 8만 원을 받겠는가, 아니면 조지 클루니 또는 안젤리나 졸리와 키스하겠는가?

2 1퍼센트의 확률로 8만 원을 받을 수 있는 제비뽑기를 하겠는가, 아니면 1퍼센트의 확률로 조지 클루니 또는 안젤리나 졸리와 키스할 수 있는 제비뽑기를 하겠는가?

시카고 대학 의사결정 연구 센터의 유발 로텐슈트라이히 Yuval S. Rottenstreich와 크리스토퍼 시 Christopher K. Hsee는 학생들에게 이런 질문을 했다(지금쯤 눈치 챘겠지만, 학생은 실험실의 모르모트 같은 신세다). 이에 대해

많은 학생이 첫 번째 질문에서는 돈을 선택했지만 두 번째 질문에서는 '키스'를 선택했다(정확히는 각각 70퍼센트와 65퍼센트). 이것은 합리적 선택의 원칙을 명백히 위반한 결과다. 원칙에 따르면 y보다 x를 선택한 사람은 y를 획득할 확률이 1퍼센트인 쪽보다 x를 손에 넣을 확률이 1퍼센트인 쪽을 선호해야 한다. 그렇다면 왜 이런 결과가 나왔을까?

우리 중 대부분은 다음과 같이 생각할지도 모른다. '무의미한 정신적 만족을 위해 확실히 벌 수 있는 돈을 포기하고 싶지는 않아. 그러니까 첫 번째 질문에서는 돈을 선택하자. 하지만 두 번째 질문은 확률이 1퍼센트밖에 안 되고 받더라도 그리 대단한 금액도 아니잖아? 그럴 바에는 차라리 불가능할 것 같지만 꿈에 도전하는 편이 낫지. 운 좋게 키스라도 하게 된다면 평생 자랑거리가 되지 않겠어?'

금액이 보잘것없을 뿐만 아니라 확률이 1퍼센트라면 유명인과의 키스에 도전하는 것도 좋겠다는 기분이 드는 것이다. 인간은 꿈꾸기를 좋아하는 동물인 듯하다.

그러면 다음에는 그다지 달갑지 않은 질문으로 넘어가자.

1 2만 5,000원을 내겠는가, 아니면 짧지만 고통스러운(건강에는 영향이 없는) 전기 충격 실험을 받겠는가?

2 99퍼센트의 확률로 2만 5,000원을 잃는 제비뽑기를 하겠는가, 아니면 99퍼센트의 확률로 짧지만 고통스러운(건강에 대한 영향은 없는) 전기 충격 실험을 받아야 하는 제비뽑기를 하겠는가?

이 질문에 대한 대답에서 다음과 같은 사실이 밝혀졌다. 많은 사람이 1에서는 불쾌한 경험을 피하기 위해 망설임 없이 돈을 내지만, 2에서는 2만 5,000원을 손해 보지 않기 위해 전기 충격을 받는다는 것이다. 이미 알고 있듯이 이 두 선택도 합리적이지는 않다. y보다 x(전기 충격보다 2만 5,000원의 손실)를 선택했다면 y가 일어날 확률이 99퍼센트인 쪽보다 x가 일어날 확률이 99퍼센트인 쪽을 선택해야 합리적이다. 그런데 이 원칙을 깼다는 것은 무의식적일지도 모르지만 다음과 같이 생각했다는 의미다. '반드시 전기 충격을 받아야 한다니 말도 안 돼. 만약 적은 돈으로 확실히 그 위험을 없앨 수 있다면 당연히 그쪽을 선택해야지.' 그래서 첫 번째 질문에서는 2만 5,000원을 내기로 한다. 그러나 두 번째 질문에서는 반대로 '2만 5,000원을 잃을 확률이 매우 높을 뿐만 아니라 돈을 딸 확률이 전혀 없는 제비뽑기를 하는 건 바보 같은 짓이야. 차라리 운만 좋으면 안 받을 수도 있는 전기 충격을 선택하는 편이 낫지.'라고 생각한다. 이렇게 해서 금전적 손실을 계산할 때는 매우 높게 평가했던 99퍼센트의 확률이 전기 충격의 경우는 실낱같은 희망이 있는 확률로 바뀌는 것이다.

이 두 가지 질문을 함께 생각하면 선택의 모순이 부각된다. 첫 번째 사례에서는 1퍼센트라는 낮은 확률이 감정을 심하게 뒤흔드는 경험(유명인과 키스할 수 있다!)일 경우에는 높게 보이고, (약간의 돈을 딴다는) 그다지 감동적이지 않은 경험일 경우에는 한층 낮게 보였다. 한편 두 번째 사례에서는 반대로 99퍼센트라는 매우 높은 확률이 (전기 충격에 대한 공포라는) 충격적인 경험을 해야 할 경우보다 그다지 머리가 아프지 않은 (약간의 손해를 보는) 경우에 더 큰 의미를 지녔다.

명확한 결과를 내고자 조지 클루니와 안젤리나 졸리, 그리고 전기 충격까지 합리성의 저울에 올려놓은 것은 잘못된 시도가 아니었다. 예전부터 열정과 합리성이 양립하지 못하는 것은 우연이 아니었던 것이다. 누구나 이 두 가지는 사는 장소가 다르다고 생각하지만, 곤란하게도 한 사람의 내부에서는 지금까지의 경제학이 주장하는 만큼 이 두 가지는 그리 멀리 떨어져서 살고 있지 않다. 게다가 우리의 합리성을 흐트러뜨리는 것은 열정만이 아니다. 감정은 더욱 교묘하게 개입한다. 다음에는 그 예를 살펴보자.

숫자를 정서로 판단하지 마라

오늘은 일요일이고 축제가 있는 날이다. 당신은 '제비뽑기'를 하게 되었다. 상자 안에서 구슬을 하나 꺼내는데, 만약 '빨간 구슬'이 나오면 '10만 원'을 받지만, 다른 색 구슬이 나오면 아무 것도 받지 못한다. 그런데 구슬을 꺼내기 전에 A와 B라는 상자 중 하나를 고르라는 말을 들었다.

A 상자 A에는 구슬이 10개 들어 있으며, 그중 한 개가 빨간 구슬이다.
B 상자 B에는 구슬이 100개 들어 있으며, 그중 8개가 빨간 구슬이다.

당신은 어느 상자를 선택하겠는가?

지극히 초보적인 계산만 해 봐도 알 수 있지만, 상자 B를 고르기보다 상자 A를 고르는 편이 성공률이 높다(10퍼센트 대 8퍼센트). 그런데도 적지 않은 사람이 확률 따위는 무시하고 B를 선택한다. 그들은 머릿속에서 빨간 구슬을 꺼내는 상상을 하는 사이에 빨간 구슬이 한 개뿐인 상자 A보다 여덟 개나 들어 있는 상자 B를 선택하는 것이 상책이라고 생각하고 만다. '상자 A에는 빨간 구슬이 한 개밖에 들어 있지 않은데 왜 그걸 선택해야 하지?'라는 식이다. 이 문제를 제시할 때 빨간 구슬을 부각시키고 흰 구슬을 아무런 의미도 없는 단순한 배경으로 만들어버린 탓에 두 상자에 있는 구슬의 상관관계가 보이지 않게 되어 리스크의 합리적 판단을 방해한 것이다.

폴 슬로빅은 이와 비슷한 수많은 예를 조사한 결과, 이런 문제를 앞에 두면 감정적 반응이 강해진다고 결론지었다. 감정이 파악하는 인상(이 경우는 머릿속에서 그린 구슬)에 의지하면 분석적으로 생각할 때보다 빠르게 인지할 수 있다. 슬로빅은 감정이 무의식에 작용해 판단이나 결정을 내리기 위한 강력한 리더가 됨을 관찰했다. 그래서 그는 이 현상을 '정서 affect에 따른 휴리스틱'이라고 불렀다.

많은 경우 우리의 감정은 돋보이는 데이터에 빠르게 반응하며 그것을 근거로 삼아 효율적으로 판단하거나 결정한다. 그리고 우리의 능력이 따라잡지 못하는 복잡한 계산은 생략해버린다. 그러나 '정서에 따른 휴리스틱'은 지금까지 살펴 본 온갖 '휴리스틱'과 마찬가지로 핵심을 비껴갈 때가 있다. 상자 A와 상자 B가 그 좋은 예다.

두 상자 실험의 결과는 언뜻 말도 안 되는 결과처럼 보이지만, 사실은 그렇지 않다. 이를 이해하기 위해 성격이 상당히 다른 다음의 두 경우를 생각해 보자.

A 매년 그 암으로 사망하는 사람은 100명 중 평균 24.15명이다.
B 매년 그 암으로 사망하는 사람은 1만 명 중 평균 1,285명이다.

A와 B 가운데 어느 쪽의 위험성이 더 높은가?

암으로 사망할 위험성은 A가 B보다 두 배 높음을 쉽게 알 수 있다. 정확히는 24.15퍼센트 대 12.85퍼센트다. 그런데 한 연구에 따르면 75퍼센트의 사람이 A보다 B가 더 위험하다고 생각했다. 심장병이나 에이즈 등 다른 수많은 질병에 대해서도 같은 실험이 실시되었는데, 전부 동일한 결과가 나왔다고 한다. 1,285(사망한 암 환자 수)가 24.15(퍼센트)보다 강한 인상을 주는 것은 분명하지만, 이 두 수가 각각 다른 범주에 속한다는 사실을 잊고 있는 것이다.

우리는 무엇인가를 판단할 때 최대한 지름길을 통과하려고 하는 나머지 때로는 길을 잘못 들고 만다. 마치 아직 정글에 살고 있어서 살아남기 위해 재빨리 움직여야 하는 듯이 최대한 간략하고 단순하게 처리하려 한다. 우리의 눈은 움직이지 않는 것보다 움직이는 것을 잘 파악하는데(사냥꾼이었던 시절의 유산일 것이다), 주의력도 24.15와 1,285 쪽을 향하고 만다. (무시하기 쉬운) 100과 1만이라는 차가운 배경보다 '뜨거운' 이쪽의 숫자에 끌리기 때문이다. 빨간 구슬의 예와 마찬가지로 우리는 직감적으로 이쪽의 숫자를 중요한 데이터라고 파악하며, 다른 숫자는 의미가 없는 곁다리로 치부하고 무시한다. 휴리스틱을 재검토해 합리적 선택을 하려면 머리가 그리는 이미지의 암시에 걸려들지 않도록 노력해야 하는데, 과연 우리는 그런 노력을 얼마나 하고 있을까?

'1퍼센트'와 '100명 중 한 명'의 차이

'정서에 따른 휴리스틱'의 예를 하나 더 소개하겠다.

치료하지 않으면 사망하는 심각한 병에 걸렸다고 가정하자. 지금까지 먹어 온 약은 사망률을 0.06퍼센트까지 낮추며, 가격은 30만 원이다. 그런데 제약 회사에서 사망률을 0.03퍼센트까지 낮추는 신약을 시판하려하고 있다.
당신은 이 신약을 사기 위해 얼마까지 낼 의향이 있는가?

이번에는 다음 질문을 생각해 보자.

신약은 사망률을 100만 명에 600명을 300명으로 낮춘다.
당신은 이 신약을 사기 위해 얼마까지 낼 의향이 있는가?

이 두 질문은 결국 똑같은 이야기다. 100만 명에 600명이면 0.06퍼센트이고, 100만 명에 300명이면 0.03퍼센트다. 양쪽 모두 리스크를 절반으로 줄여 주므로 같은 금액을 내는 것이 당연하다. 그런데 사람들은 첫 번째 질문에는 평균 34만 원, 두 번째 질문에는 평균 58만 원까지 낼 의향이 있었다. 믿기지 않을지도 모르지만, 조사에서는 분명히 이런 결과가 나왔다.

이 조사에 참가한 대상은 대학생이었지만, 인생 경험이 풍부한 사람도 이런 유형의 감정적 편향을 쉽게 일으킨다. 예를 들어 심리학자나 정신과 의사가 특히 의미 깊은 분야의 연구에서 어떤 대응을 보이는지 살펴 보자.

슬로빅은 법정 심리학자 그룹과 법정 정신과 의사 그룹을 대상으로 정신 이상을 일으킨 베르디라는 환자의 퇴원에 대해 의견을 물었다. 이들 479명은 가공의 인물이 아니라 미국 법정 심리학 협회 등 미국의 권위 있는 단체의 멤버들로서 경험이 풍부한 전문가들이었다. 그들 중 대부분은 정기적으로, 혹은 기회가 있을 때마다 법정에 출두해 전문적인 의견을 발언했다.

질문은 다음과 같은 내용이었다.

A 첫 번째 그룹에 다음과 같은 정보를 전달했다.
'베르디 씨와 같은 환자는 퇴원 후 반년 사이에 폭력 행위를 저지를 확률이 20퍼센트로 생각된다.'

B 두 번째 그룹에도 같은 정보를 전달했는데, 정보의 제시 방식은 다

음과 같았다.

'베르디 씨와 같은 환자는 퇴원 후 반년 사이에 100명 중 20명이 폭력 행위를 저지르는 것으로 생각된다.'

거짓말 같은 이야기지만, 첫 번째 그룹(A)에서는 전문가의 21퍼센트가 퇴원에 반대한 데 비해 두 번째 그룹(B)에서는 퇴원에 반대한 전문가가 거의 두 배인 41퍼센트에 이르렀다. 감정은 상대가 전문가든 아니든 상관없이 장난을 치는 것이다. 그런데 이렇게 커다란 편향이 발생하는 이유는 대체 무엇일까?

가장 그럴듯한 이유는 확률이 퍼센티지(20퍼센트)로 표시되면 감정에 직접 닿지가 않아서 가령 베르디 씨의 경우 위험도가 약하게 느껴진다는 것이다. 한편 빈도로 표시되면 반대로 현실에서 누군가가 폭력을 휘두르는 무서운 장면이 머릿속에 즉시 떠오르며 그 장면이 감정을 자극한다. "100명 중 20명"이라든가 "열 명 중 두 명"이라는 말을 들으면 그런 인원수의 진짜 난폭한 사람이 머리에 떠오른다. 베르디 씨라는 가공의 인물의 퇴원에 대해서도 두 가지 표현 방법이 다른 감정을 불러 일으켰고 그것이 선택에 커다란 차이를 만들어낸 것이다.

이와 같은 오류는 타인에 대한 책임 있는 결정이 요구되는 전문가만 저지르는 것이 아니다. 오히려 우리가 자신을 위한 선택을 할 때 이런 오류를 더 많이 저지른다고 할 수 있다. 리스크가 같아도 표현 방법이 다르면 끓어오르는 감정의 강도가 달라지며, 이에 따라 선택도 달라진다. 표현이 더 큰 효과를 발휘하는 것은 이것이 불러일으킬 현실과 자신을 강하게 연관 지을 때, 다시 말해 일체화의 정도가 강할 때다. 추상적인 문제는 합리적으로 생각할 수 있어도 피부로 느껴질 경우는 머릿속에서 경종이 울려서 확률이 매우 낮더라도 불안감이 엄습하는 것이다.

리스크가 아니라 기회를 선택할 경우도 똑같은 메커니즘이 작용한다. 가령 슈퍼마켓에서 참치 통조림 진열대 앞에 섰다고 가정하자. 한쪽에는 '두 개 가격에 세 개'라고 표시되어 있고 다른 한쪽에는 같은 가격의 할인율이 퍼센티지로 표시되어 있다. 이 경우는 명백히 전자가 후자보다 감정에 강한 인상을 준다. 전자는 '공짜로 받는' 분량이 이미 주머니 속에 들어 있는 듯한 느낌을 주는 것이다.

마지막으로, 예를 들어 무엇인가에 대해 중개료를 내야 한다고 가정하자. 이 경우 중개료를 총액보다 퍼센티지로 표시할 때가 많다. 이렇게 추상적으로 표시하는 데는 이유가 있다. 중개료로 내야 하는 금액이 눈앞에 제시되면 저금의 일부가 눈 녹듯이 사라지는 광경이 눈앞에 떠오르기 때문이다.

아이스크림을 많게 보이고 싶을 때는 컵이 작은 편이 좋다

다음에는 감정이 빠지는 다른 유형의 함정에 대해 생각해 보자.

두 컵에 아이스크림이 담겨 있다 그림4. 아이스크림을 좋아하는 여러분

그림4

은 알 수 있겠지만, 그림4의 오른쪽 컵에 담겨 있는 아이스크림이 분명히 양이 더 많다. 이 두 컵을 동시에 내놓으면 사람들은 보통 망설임 없이 오른쪽 컵에 돈을 더 내려고 한다(비율에 관한 수많은 실험에서는 적어도 그런 결과가 나왔다). 그런데 재미있게도 두 컵을 따로따로 내놓으면 큰 컵에 절반만큼 담겨 있을 때보다 작은 컵에 넘치도록 담겨 있을 때 더 많은 돈을 내고 싶어진다. 첫 번째 경우에는 양이 많은 쪽에 눈이 가는데 두 번째 경우에는 양이 적은 쪽이 눈이 가는 것은 대체 어떻게 된 일일까?

그것은 두 개가 따로따로 나왔을 때는 아이스크림과 그릇의 용량의 관계에 주의가 쏠리기 때문이다. 아이스크림이 넘쳐흐를 것 같은 것을 산다고 생각하면 기분이 좋아지지만, 절반 쯤 비어 있는 것을 사는 것을 그다지 기분이 좋지 않다. 그런데 두 컵이 동시에 나왔을 경우는 두 컵의 용량을 비교하려 한다. 단순히 더 많이 먹고 싶기 때문에 더 많이 들어 있는 오른쪽 컵에 끌리는 것이다.

이와 같이 다른 크기와 비교되었을 때 감정에 주는 인상이 커지는 것이 있다. 이 비교가 기준점을 낳고, 기준점에 비해 그 특성이 '좋은가', '나쁜가'를 순식간에 판단한다. 이미 살펴 봤듯이 기준점에는 커다란 의미가 있다. 우리가 손익을 계산할 때의 출발점은 기준점이지 (기존의 경제학에서 주장하듯이) 재산의 절대값의 변동이 아니기 때문이다.

경우에 따라서는 어떤 양을 비율로 나타내는 편이 훨씬 이해하기 쉽다. 바겐세일의 경우가 그렇다. 예를 들어 어떤 가게에 '전 품목 30퍼센트 할인'이라고 표시되어 있으면 어떤 상품의 가격이 얼마일 때 얼마나 돈을 '절약할 수 있는지' 금방 알 수 있다. 반대로 기준점이 없이 개별적으로 숫자가 표시되어서 금방 비교할 수 있는 것이 없으면(예를 들어 고속도로 교통사고 사망자 750명 등) 어떻게 판단을 해야 할지 알지 못한다.

소비자는 비율 표시에 쉽게 반응한다. 금액은 같아도 그것에 부여하는 가치는 달랐던 사례(신발을 살 때는 1만 원을 절약하고 싶어서 10분을 걸어가지만 텔레비전을 살 때는 1만 원을 절약할 수 있음에도 걸어가지 않는다)와 같이 모순된 결론을 내기도 한다.

그러나 이런 사례가 사람의 안전이 걸려 있을 경우에는 해당되지 않는다. 공항의 안전에 관한 다음의 질문을 생각해 보자.

당신이 공항 관리 회사의 경영 회의에 참석했다고 가정하자.

A 현재의 건축 구조로는 150명의 생명이 위험에 노출된다. 그중 98퍼센트를 구할 대책이 있다.

B 상황은 A와 같으며, 이 대책이 구할 인명은 150명이라는 것만이 전달되었다.

당신은 어떤 대책을 지지하겠는가?

이와 같은 문제의 경우, 실제로 실시된 조사에서는 그저 150명의 인명을 구할 수 있다는 말만 들은 사람보다 위험에 처한 인명 150명 가운데 98퍼센트(즉 147명)를 구할 수 있다는 말을 들은 사람이 그 대책을 지지하는 경향이 강했다. 결국 경영 회의는 절대수로 세 명 적은 인명을 구할 대책을 지지하게 된다. 147명의 목숨을 150명의 목숨보다 더 가치 있게 여긴 셈이다.

이번에는 다음 실험에 주목하기 바란다.

당신은 NPO 법인 '사이언스 포 라이프'의 책임자로, 보조금을 제공하기 위해 몇 개의 중병 환자 지원 단체를 검토해야 한다.

X 첫 번째 사례로, 작년에 1만 5,000명의 사망자를 낸 질병 A를 다루는 X협회가 보조금을 신청했다. X협회의 구제 프로그램은 질병 A의 사망률을 3분의 2 줄일 수 있다고 한다.

Y 두 번째 사례로, 작년에 16만 명의 사망자를 낸 질병 B를 다루는 Y협회가 보조금을 신청했다. Y협회의 구제 프로그램은 사망률을 8분의 1 줄일 수 있다고 한다.

이 질문을 받으면 많은 사람이 16만 명 중에서 2만 명을 구하려 하는 Y협회가 아니라 1만 5,000명 가운데 1만 명을 구하려 하는 X협회를 선택한다. 마치 1만 명의 목숨을 더 구할 수 있음에도 그 목숨에는 가치가 없다고 생각하는 것 같지 않은가! 이 또한 비율이 감정에 강렬한 인상을 준 나머지 절대값의 가치가 보이지 않게 된 것이다. 그 가치를 명확히 드러내려면 모든 것을 동시에 제시하는 수밖에 없다. 실제로 실험의 다음 단계에서 참가자들에게 다양한 프로그램을 동시에 보여주고 그중에서 무엇을 선택하겠느냐고 물었을 때는 더 많은 생명을 구할 수 있는 프로그램에 선택이 집중되었다.

이탈리아에서는 광고에서 타사 제품과의 비교가 금지되어 있는데, 이는 안타까운 일이다. 그래서는 수많은 정보가 따로따로 제시되는 탓에 유익한 기준점이 만들어지지 못하기 때문이다. 가령 어떤 미네랄워터는 객관적으로 보면 전혀 현실감이 없는 "즐거움은 가득, 나트륨은 조금"이라는 선전 문구로 매출을 늘렸다. 즐거움이 가득일지 아닐지는 사람마다 다르다. 나트륨에 관해서는 음용수에 나트륨이 풍부하게 들어 있으면 어떻게 되는지 아무도 알지 못한다. 광고에서는 물에 그 밖에 어떤 불활성 성분이 들어 있는지에 대해 일체 언급하지 않는다. 광고의 메시지, 판촉, 감정을 움직이는 데이터 등을 전부 걷어내고 가급적 폐해가 없는 틀 안에 집어넣기는 쉬운 일이 아니다. 그러므로 미네랄워터를 살 때는 여러분의 머릿속에 나열되는 선전 문구를 유심히 살피도록 하라. 그렇게 해도 후회 없는 미네랄워터를 살 수 있다고는 장담할 수 없지만, 적어도 여러분 또한 여러분 나름의 '감정이 지배하는 경제학'에 좌우되고 있다는 사실만큼은 잊지 말기 바란다. 진정한 합리성은 더 중요한 선택을 할 때를 위해 보관해 두면 된다.

9

통계 마인드를
키워라

상대적 리스크와 절대적 리스크

토크쇼 등을 보면 알 수 있듯이, 통계는 어떻게 보느냐에 따라 다양한 방식으로 해석할 수 있다. 게다가 그 통계에 나온 수치가 절대적인 것도 아니다. 매일 읽고 있는 신문에 국제적으로 권위 있는 잡지에 실린 최신 연구에 관한 기사가 있었다고 가정하자. 그 기사에 따르면 콜레스테롤 수치가 높은 사람은 그렇지 않은 사람에 비해 심장 발작을 일으킬 확률이 50퍼센트 높다고 한다. 콜레스테롤 수치가 높은 사람이 이 기사를 읽으면 틀림없이 불안감과 걱정이 커질 것이다(그 결과 약의 사용량을 늘리거나 불안감을 잊고자 좋아하는 치즈를 먹어서 콜레스테롤 수치가 더 높아지기도 한다). 그러므로 이렇게 생각하는 편이 좋다. '이 숫자는 사실 무슨 말을 하고 싶은 걸까?'라고.

먼저, 같은 데이터를 다른 방식으로 제시해 보겠다. 예측에 따르면 콜레스테롤의 수준이 정상인 50세의 남녀 100명 가운데 이후 10년 사이에 심근 경색을 일으키는 사람은 네 명이다. 한편 같은 나이에 콜레스테롤 수치가 높은 사람은 발병률이 100명 중 여섯 명으로 상승한다. 따라서 신문에 있었던 50퍼센트라는 숫자는 콜레스테롤 수치가 높으면 이후 10년 사이에 심근 경색을 일으킬 확률이 100명 중 네 명에서 여섯 명으로 높아진다는 데이터의 다른 표현인 것이다. 이것을 또 다른 방식으로 표현하면, "높은 콜레스테롤 수치는 그렇지 않을 경우 100명 중 네 명으로 예측할 수 있는 발병자 수를 두 명 증가시킨다."가 된다. 이 두 명은 네 명의 절반이므로 50퍼센트인 것이다.

전문 용어가 들어가면 문제가 조금 복잡해지는데, 과학 분야의 리포터는 이런 것을 개의치 않는 듯하다. 네 명 중 두 명(즉 50퍼센트)이라는 것은 '상대적 리스크'의 증가를 말한다. 그러나 (신문에서는 채용하지 않지만) 같은 데이터를 '절대적 리스크'의 증가로 표현하는 방법도 있다. 이 기사의 경우 '절대적 리스크'의 증가는 2퍼센트 포인트, 즉 100명당 6명과 100명당 4명의 차이라는 단순한 '비율의 차이'가 된다. 당연한 말이지만, 이렇게 표현하는 쪽이 뉴스를 본 사람들에게 주는 충격이 작을 것이다. 이런 사실을 안다면 무작정 불안해하기보다 그 숫자가 실제로 무엇을 의미하는지 곰곰이 생각할 수 있다.

이런 경우도 마찬가지다. 이것도 자주 언급되는 화제인데, "안전벨트를 상시 착용하면 리스크를 15퍼센트 줄일 수 있다."라는 기사를 읽었다고 하자. 여러분은 '그렇군. 나야 늘 안전벨트를 매니까 괜찮아.'라고 생각할지도 모른다. 그러나 이 사실을 알았다고 해서 70년 동안 자동차를 타는 사이에 완치 불능의 부상을 당할 위험성에 대해 실제로 무엇인가를 알 수 있을까? 답은 '아니요.'다. 왜 아닌가 하면, 줄일 수 있는 것이 '절대적인 위험'인지 '상대적인 위험'인지 명확하지 않기 때문이다. 예를 들어 70년 동안 자동차를 타는 사이에 완치 불능의 부상을 당할 위험성이 20퍼센트임을 알았다고 가정하자. 만약 그 기사에 나온 데이터가 '절대적 리스크'를 가리켰다면 단순히 20에서 15를 빼면 된다. 그렇다면 안전벨트는 리스크를 5퍼센트로 급격히 줄이게 된다. 그러나 그 데이터가 '상대적 리스크'의 감소를 가리켰다면 사정은 조금 달라진다. 이번에는 20의 15퍼센트, 즉 3을 20에서 빼게 된다. 이 경우 안전벨트의 효과는 역시 높기는 하지만 생각만큼은 아닌 수준이다. 전체적으로 리스크가 17퍼센트로 감소하기 때문이다(20에서 3을 뺀다).

여러분에게는 이것이 전문가를 위한 전문적인 데이터처럼 보일지도 모르지만 그렇지 않다. '상대적 리스크'와 '절대적 리스크'의 차이는 매우 중대한 결과를 가져온다. 좀처럼 일어나지 않는 상황을 크게 뒤흔드는 요인은 '상대적 리스크'를 측정할 때는 커다란 영향을 끼치지만 '절대적 리스크'에는 별다른 영향을 끼치지 못한다. 이럴 경우 '상대적 리스크'로 정보가 제시되면 커다란 반향을 불러일으키지만 '절대적 리스크'로 제시되면 그 정도 반향은 일으키지 못한다. 달리 말해 이런 상황에서는 '상대적 리스크'에 대한 평가가, 선택한 데이터의 결과를 과대평가로 이끈다. 이것의 위험성은 결코 가볍게 볼 수 없지만, 제약 업계는 이를 교묘히 이용할 때가 적지 않다.

리스크에 관한 정보를 감정적으로 혹은 자신에게 유리하도록 판단하는 버릇, 평소의 사고방식, 집안의 경제 상황 등은 우리의 감정적 반응을 좌우하며 합리적 판단으로부터 멀어지게 만들기 쉽다. 리스크를 둘러싼 감정 중에서 가장 저항하기 어려운 것은 공포다. 광우병, 조류 인플루엔자, 핵에너지, 대량 살상 무기, 콜레스테롤……. 이런 것들에 대한 공포를 이용하는 것을 매우 효과적인 설득 수단이며 때로는 개인의 자유를 집단의 이름으로 억압하거나 공익에 반하는 방향으로 유도하기도 한다.

신분증명서에 지문 등의 생물학적 데이터를 집어넣거나 단순히 의심스럽다는 이유만으로 일반 시민의 통화를 도청할 수 있도록 법률을 제정하고 싶을 경우, 미리 테러리즘의 위험에 대한 공포를 부추겨 놓으면 성공할 확률이 높아진다. 만약 우리가 대참사로 이어지는 모습을 머릿속에 쉽게 그린다면 이런 전략은 큰 효과를 발휘한다. 경계심의 강약은 있지만, 9·11 테러 사건 이후에는 특히 이런 전략이 커다란 위력을 발휘하게 되었다.

주의해야 할 점은 이런 전략이 정치나 법률, 테러와 상관없는 곳에서도 강력한 힘을 발휘한다는 사실이다. 실제로 고가의 가정용 정수기나 에어백 등의 판촉 같은 상업상의 목적으로도 사용되고 있다. 그런데 가정용 정수기나 에어백에 정말로 선전 문구와 같은 효과가 있을까?

리스크를 보도하는 전문가들은 잘 알고 있는 사실이지만, 우리를 공포에 떨게 하는 리스크와 실제로 죽음을 초래하는 리스크 사이에는 커다란 간극이 있다. 또한 우리가 제어할 수 있을 것 같은 리스크는 제어할 수 없는 리스크만큼 커다란 공포심을 낳지 못한다. 광우병이나 조류 인플루엔자로 죽는 사람은 매우 드물지만, 비프스테이크나 닭고기를 먹을 때 그것이 오염된 고기인지의 여부는 알 도리가 없다. 한편 밀라노와 베네치아를 연결하는 고속도로를 운전할 때 핸들을 잡고 있는 사람은 바로 나 자신이다. 비프스테이크는 포기한다 해도 고속도로에서 난폭 운전을 해서 안전을 위협하는 사람은 나 자신인 것이다.

시카고학파 경제학자인 스티븐 레빗 Steven D. Levitt 은 그의 저서인 《괴짜 경제학》에서 정부가 국민을 대상으로 테러리즘의 위협을 몰아내기 위한 자금과 심장맥관계 질환을 박멸하기 위한 자금을 모금할 경우 어느 쪽이 더 성공적일 것 같으냐고 물었다. 테러로 목숨을 잃을 확률은 콜레스테롤에 동맥이 막혀서 심근 경색을 일으킬 확률보다 훨씬 낮다. 그럼에도 사람들은 '테러리스트는 우리의 손이 닿지 않는 곳에서 악행을 저지르지만 포테이토칩은 그렇지 않아.'라고 생각한다.

통계에 나타난 숫자를 이해하라

미국에서는 매년 7만 명이 피할 수 있었던 의료 실수로 사망하고 있다. 독일에서는 매년 10만 명의 여성이 유방암에 걸리지 않았음에도 맘모그래피에서 암이 발견되었다며 유방 절제 수술을 받고 있다. 매년 수천 명의 남성이 전립선의 조기 진단이 사망률을 낮춘다는 확증도 없으면서 검사를 받고 있다. 전문가와 비전문가를 불문하고 이런 일이 일어나는 이유는 대체 무엇일까? 그 답은 통계 숫자를 읽을 수 없다는 것이다. 다음의 질문을 통해 여러분도 그런 사람 중 한 명인지 아닌지 알아보자.

(당신이 이탈리아인이라 생각하고 대답하기 바란다)

당신은 지금 에이즈 검사를 받기 위해 도로 정체 속에서 자동차를 몰고 병원으로 향하고 있다. 당신은 며칠 동안 에이즈에 관해 공부해 대략적인 지식을 머릿속에 넣어 뒀기 때문에 다음과 같은 사실을 알고 있다. 이탈리아에서는 마약 중독자도 아니고 위험한 성행위를 하지도 않는 사람 중 0.01퍼센트가 에이즈에 감염되어 있다. 만약 감염이 되었을 경우는 검사에서 양성으로 나올 확률이 99.9퍼센트다. 감염이 되지 않았을 경우는 검사에서 음성으로 나올 확률이 약 99.9퍼센트다. 이 말은 0.01퍼센트의 사람이 실제로는 에이즈에 감염되지 않았음에도 양성으로 잘못된 판정을 받는다는 뜻이다.

그러면 문제다. 만약 검사에서 양성이 나왔을 경우, 당신이 에이즈에 감염되었을 확률은 어느 정도일까?

대다수의 사람이 확률은 99퍼센트 이상이라고 대답한다. 이런 종류의 문제는 머리를 혼란시킬 때가 많지만, 확률 계산을 이용하면 정확한 답이 나온다. 그러나 여러분은 지금 자동차를 운전해야 하기 때문에 펜과 종이뿐만 아니라 계산기도 사용할 수 없다. 그렇다면 어떻게 해야 할까?

문제를 재빨리 풀기 위해 답이 빤히 보이도록 표현을 해 보자. 예를 들어 다음과 같은 식이다. 먼저 마약 중독자도 아니고 위험한 성행위도 하지 않는 1만 명을 생각한다. 그중에서 한 명(0.01퍼센트)은 에이즈이며, 검사에서는 거의 정확하게(99.9퍼센트) 양성으로 나온다. 그 밖의 9,999명은 감염되지 않았다. 감염되지 않은 사람의 수가 이렇게 많은 가운데 한 명이 검사에서 양성으로 (잘못) 나올 것은 거의 확실하다(실제로 우리는 양성으로 잘못 판정받는 사람이 0.01퍼센트, 즉 1만 명에 한 명 나온다는 것을 알고 있다). 요컨대 합계 두 명이 검사에서 양성으로 나오게 된다.

여기에서 문제다. 이 두 사람 중 실제로 바이러스에 감염된 사람은 몇 명일까? 이제 여러분의 머릿속에 끼어 있던 안개가 걷히면서 답이 두 명 중 한 명임을 알게 되었을 것이다. 그러므로 검사에서 양성이 나왔을 때 여러분이 바이러스에 감염되었을 확률은 99퍼센트가 아니라 (대략) 50퍼센트다. 검사를 다시 한 번 받는 편이 좋은 이유를 적어도 50퍼센트는 갖고 있다는 말이다.

(당신이 임신한 여성이라 생각하고 대답하기 바란다)

두 번째(이번에는 기분 좋은) 문제로 들어가자. 에이미와 마거릿은 얼마 전에 임신을 했는데, 태아의 성별을 상당히 일찍 알 수 있는 검사를 받았다.

A 사내아이라면 검사에서 90퍼센트 확률로 'M'이라는 결과가 나온다.
B 여자아이라면 70퍼센트 확률로 'F'라는 결과가 나온다.

에이미의 결과는 M이고 마거릿의 결과는 F였다. 그렇다면 에이미가 마거릿보다 뱃속에 있는 아이의 성별에 대해 확신을 가질 수 있을까?

이 문제에 대응하는 인지 방법을 적용해서 생각해 보면 실제로는 그 반대(!!)임을 알 수 있다. 에이미와 마거릿 같은 여성 200명이 같은 검사를 받는다고 생각해 보자. 그리고 그 여성들 가운데 100명은 사내아이를 임신했고 나머지 100명은 여자아이를 임신했다고 가정하자(요컨대 편의 적이지만 남녀의 확률의 거의 같다고 보자). 이 200명의 여성 가운데 모두 몇 명에게서 M의 결과가 나올까?

100명의 사내아이 가운데 90명에게서 M이라는 '올바른' 결과가 나올 것으로 예측할 수 있다. 그러나 100명의 여자아이 가운데 30명에게서 M 이라는 '잘못된' 결과가 나올 것이다(70퍼센트는 검사에서 여자아이라는 올바른 결과가 나오지만 나머지 30퍼센트는 잘못된 결과, 즉 M이 나온다). 따라서 검사 결과가 M이었던 사람이 실제로 사내아이를 낳을 확률은 120명(90명 +30명) 가운데 90명으로 75퍼센트가 된다. 이것이 에이미가 사내아이를 낳을 확률이다.

한편 200명의 여성 가운데 결과가 F로 나온 사람은 얼마나 될까? 이 경우 여자아이 100명 중에서 70명에게 F라는 '올바른' 결과가 나오고, 사내아이 100명 가운데 10명에게서 F라는 '잘못된' 결과가 나온다. 따라서 결과가 F였던 사람이 실제로 여자아이를 낳을 확률은 80명(70명+10명) 가운데 70명, 즉 87.5퍼센트가 된다. 이것이 마거릿이 여자아이를 낳을 확률이다. 그러므로 마거릿은 태어날 아이의 성별에 대해 에이미보다 확신을 가져도 되는 것이다!

에이즈 검사와 태아의 성별 검사는 우리에게 평소에 통계에 익숙하지 않으면 얼마나 함정에 빠지기 쉬운지, 그리고 이 때문에 일으키는 착각 이 얼마나 사람을 혼란에 빠트리는지 알려 준다. 뒤에서도 살펴보듯이, 정치와 경제, 상업 분야에서는 이런 착각을 고의로 만들어 교묘히 이용하기도 한다. 통계에 대한 지식이 없으면 개인의 자유가 크게 좁아질 때도 있다. 인간은 먼 옛날부터 확실함을 추구해 왔다. 종교 재판에서는 확실한 사실(!)을 추구하기 위해 고문을 교묘히 사용했다. 목적이 숭고하다면 수단이 거칠어도 괜찮다는 것이다. 확률이라는 수학 이론이 종교 개혁과 반종교 개혁이 '이론의 여지가 없는 절대적 관념 가톨릭교의 가르침은 절대적이고 이론은 있을 수 없다는 개념'이라는 기존의 신화를 깨부순 시대에 나타난 것은 아마도 우연이 아닐 것이다. 이후 구축된 (과학적) 진리에 관한 새로운 개념 사물을 '확실'하다고 생각하지 않고 먼저 의심해 보는 태도은 확실성을 추구하는 대신 불확실한 상황 속에서 수긍할 수 있는 판단을 모색한다는 좀 더 겸허한 길을 열었다.

알고 있다는
착각을 버려라

전문가일수록 과신한다

무엇인가의 가능성을 생각할 경우, 실수를 저지르는 것은 데이터를 읽을 때만이 아니다. 평가를 나타낼 때, 혹은 판단을 측정할 때도 오류를 범한다. '인지의 함정'은 무수히 많은 것이다. 예를 들면 이런 식이다.

친구가 다음 일요일 경기에서 홈팀이 이길 확률이 70퍼센트라고 말했을 때 그 예상이 틀렸음을 보이려면 어떻게 해야 할까? 만약 홈팀이 지더라도 친구는 이렇게 말할지 모른다. "예상치 못한 해프닝이 일어나는 바람에 그렇게 됐기는 한데, 그럴 가능성도 있을 것 같아서 질 확률도 30 퍼센트는 있다고 말한 거야."라고 말이다. 그러나 그 친구가 나올 리 없다고 판단한 결과가 매 경기 이어진다면 그 친구의 확률 평가는 도움이 안 된다고 생각하는 편이 자연스럽다.

이 단순한 예에는 매우 중요한 일반 원칙이 숨어 있다. 어떤 사람의 어떤 일에 대한 확률 평가를 신뢰할 수 있는지 측정하려면 일어날 수 있는 온갖 종류의 해프닝을 고려해야 한다는 원칙이다. 이 원칙을 적용하면 사물의 질의 정확한 수준을 파악할 수도 있다. 어떤 사람이 x퍼센트의 확률을 부여한 가설을 세웠는데 실제 확률이 정확히 x퍼센트임을 알았다면 그 사람의 판단은 "완전히 적중했다."고 표현한다. 예를 들어 나의 판단이 60퍼센트 적중되었다면 이것은 열 번 중 여섯 번 맞았다는 뜻이다.

적중의 우수성으로 유명한 곳은 스위스 기상청이다. 스위스 기상청이 강수 확률 30퍼센트라고 예보하면 비가 내릴 확률은 정확히 30퍼센트인 것이다. 이것은 1만 5,000일이 넘는 샘플을 연구해 통계를 낸 결과다.

적중률이 완벽한 판단을 하는 사람은 서로 상반되거나 대립적인 오류를 범하지 않는다. 즉, 자신의 가설이 올바를 확률을 과대평가하지도, 과소평가하지도 않는다. 사람들이 적절한 판단을 하는지 연구할 경우, 조사는 광범위하게 실시된다(금융 분석, 도박, 법률상의 평가, 임상 심리학, 기상 등). 대부분의 경우, 적절한 판단을 내리는 사람은 매우 적다. 가장 흔한 사례는 자신이 세운 가설의 신빙성을 항상 과도하게 평가하는 경우다.

전문가의 판단은 때때로 심각한 문제가 될 때가 있다. 조심스럽게 행동해야 함을 직감적으로 알고 있으면서도 무리하게 강행해 곤란한 사태를 초래하곤 한다. 가령 금융계에서는 경험이 풍부한 사람일수록 과대평가를 자제하기는커녕 더욱 심하게 과대평가를 한다. 진정한 전문가일수록 신중한 판단을 하기 마련이지만, 자신의 직업적 능력에 관해서는 전문가일수록 과대평가를 하는 경향이 있다.

예를 들어 산악 지역의 가이드를 생각해 보자. 지금은 여름인데, 2주 연속으로 날씨가 좋지 않았다. 그래서 여러분은 원정을 하루하루 미뤄

왔다. 그러던 어느 날, 마침내 날씨가 회복될 것 같은 조짐이 보였다. "구름이 드문드문 남아 있기는 하지만, 오늘이라면 암벽에 도전할 수 있습니다."라고 가이드가 말했다. 여러분도 도전할 자신이 있는가? 알프스의 가이드는 산과 그 산의 위험성을 잘 알고 있고 주변의 기후 변화도 오랫동안 관찰해 왔으며 무엇보다도 여러분과 위험을 함께 한다. 암벽에서 금속류를 몸에 지니고 있을 때 벼락이 떨어지기라도 한다면 그야말로 위험천만한 일이다. 안전을 보장해 줄 터인 금속제 로프도, 등에 지고 있는 도구류도 번개를 끌어당긴다. 가이드도 그 사실을 잘 알고 있지만, 그의 판단은 그때까지 사고가 일어나지 않았다는 생각에 영향을 받고 있다. 만약 그 반대였다면 출발하자고는 말하지 않을 것이다. 또한 그때까지 2주 동안 날씨 때문에 거의 일을 하지 못했다면 설령 선의라고는 해도 날씨 변화의 조짐(풍향 등)을 충분히 읽을 수 있으니 걱정할 필요 없다고 생각하고 싶어진다. 그러나 가이드가 신중하기로 유명한 사람이 아니라면 자신은 아직 경험이 부족하다고 생각하고 날씨가 완전히 좋아지기 전까지는 움직이지 않는 편이 좋다. 고작 등산 때문에 소중한 생명을 위험에 노출시키는 것은 어리석기 짝이 없는 일이다.

그러나 우리는 결정을 가이드에게 맡기려고 한다. 일반적으로 전문가가 자신의 판단을 믿는다면 우리도 그를 믿는 것은 자연스러운 현상이다. 우리보다 지식과 경험이 풍부한 전문가가 자신의 판단에 자신감을 내비친다면 아무 것도 모르는 우리가 참견할 이유가 어디에 있겠느냐는 것이다. 우리는 판단을 주저하는 것이 당연한 상황에서 가이드가 판단을 망설이면 오히려 그 사람의 능력을 의심한다.

요컨대 전문가의 주관적인 확신은 그 사람의 판단이 적절한지 부적절한지 측정하는 지표가 되지 않는다. 그렇다면 여러분의 주관적 확신은 어떨까? 어느 정도로 적중할까? 여러분은 얼마나 자신을 신뢰할 수 있을까?

이것을 알기 위해 다음 테스트를 해 보자.

자신감 과잉의 함정

당신의 자동차 운전 능력은 어느 정도인가? 꽤 잘한다고 생각하는가? 다른 사람과 비교했을 때 평균 이상인가? 아니면 평균 정도인가? 평균보다 낮다고 생각하는가? 어느 하나를 선택하기 바란다.

광범위한 운전자를 대상으로 이 질문을 하면 3분의 1은 평균 이상, 3분의 1은 평균, 나머지 3분의 1은 평균 이하라고 대답할 것 같은가? 실제로 스웨덴에서 이와 같은 조사를 실시했는데, 90퍼센트가 넘는 사람이 자신의 운전 실력은 평균 이상이라고 대답했다. 모두가 자신이 발렌티노 로시 이탈리아의 세계적인 모터사이클 선수—옮긴이나 미하엘 슈마허 독일의 세계적인 F1 레이서—옮긴이인 줄 아는 이탈리아였다면 평가는 더욱 높았을 것이다.

이것은 운전 기술에 한해서만 나타나는 현상이 아니다. 우리의 대부분이 '나는 평균 이상으로 머리가 좋고 정직하며 편견도 없어.'라고 생각한다. 미국의 고등학생 1만 명을 대상으로 실시한 조사에서는 학생의 70퍼센트가 자신의 리더십 능력이 평균 이상이라고 대답했다. 평균 이하라고 대답한 사람은 불과 2퍼센트였다. 그렇다면 교사는 어떨까? 교사는 좀 더 겸손할 것이라고 생각했다면 큰 오산이어서, 94퍼센트가 자신은 평균 이상으로 일을 잘하고 있다고 대답했다.

공자는 "진정으로 안다는 것은 아는 것을 안다고 하고 모르는 것을 모른다고 하는 것이다."라는 말을 했다고 한다. 자신의 지식을 잘못 파악하고 대체로 과대평가하고 있는 우리는 공자의 훌륭한 제자라고는 말하기 어려울 듯하다.

그러면 테스트를 해 보자. 각 질문에 대답을 하고 그 옆에 여러분의 대답이 정답일 확률을 자가 평가하기 바란다. 정답이라는 확신이 강할수록 확률은 100퍼센트에 가까워진다.*

1 아인슈타인이 노벨상을 수상한 공적은 무엇인가?

———————————————————— [   ]%

2 은이 섞인 왕관과 중량이 같은 금 막대를 양팔저울에 올려놓고 물에 담갔다. 어느 쪽이 위로 올라갈까?

———————————————————— [   ]%

3 태양과 지구의 거리가 100미터라고 하면 지구와 달의 거리는 다음 중 어디에 가까울까?

① 25미터 ② 2.5미터 ③ 25센티미터 ④ 2.5센티미터 [   ]%

이런 문제에서도 많은 사람이 자신의 답이 정답일 확률을 과대평가한다. 100퍼센트 확실하다고 적은 답이 실제로 정답일 확률은 80퍼센트였다. 이에 대해 다음과 같이 반론하는 사람이 있다 해도 무리는 아니다. "지구와 달의 거리 같은 걸 모른다고 해서 세상을 사는 데 지장이 있는 건 아니잖아? 내 분야나 내가 결정해야 할 범위를 넘어선 지식은 몰라도 별 상관이 없다고." 그러나 여기에서 중요한 것은 천문학이나 물리, 지리, 문학, 혹은 일반 문화에 관해 얼마나 알고 있느냐가 아니다. 문제는 자신에 대해 얼마나 알고 있느냐다. 특히 모르는 것을 안다고 생각하는 것, 자신이 모른다는 사실을 모른다는 것이다. 지금부터 살펴 보겠지만, 이것은 실제로 우리의 결정에 커다란 영향을 끼친다. 분명히 무엇이든 알고 있을 필요는 없다. 그러나 자신의 지식의 범위는 자각하는 편이 좋다. 적절한 선택을 하느냐 그렇지 못하느냐의 차이는 바로 여기에서 결정되기 때문이다.

*질문의 답

1　1905년에 논문을 발표한 '광전 효과의 발견'. 양자 역학의 발전으로 이어졌다는 평가를 받았다. 같은 해에 아인슈타인은 '특수 상대성 이론'과 '브라운 운동'도 발표해 모두 세 개의 커다란 업적을 남겼다. 1921년에 노벨상을 수상했는데, 수상 연설에서는 '일반 상대성 이론'을 이야기했다. 아인슈타인이 훗날 양자 역학의 불확정성 원리에 대해 "신은 주사위를 던지지 않는다."라고 비판한 것은 유명하다.

2　왕관. 금의 비중은 19.3, 은의 비중은 10.50이므로 무게가 같다면 부피가 큰 왕관이 물속에서 부력을 많이 받아 위로 떠오른다.

3　③ 25센티미터. 태양과 지구의 거리는 약 1억 5,000킬로미터이고 지구와 달의 거리는 약 38만 킬로미터다. 거리가 약 400배 차이가 남에도 태양과 달이 같은 크기로 보이는 이유는 태양의 지름이 달보다 약 400배 크기 때문이다.

개인 투자가나 펀드 매니저의 대부분이 자신은 시장의 동향을 충분히 예측할 수 있다고 생각한다. 펀드 매니저를 대상으로 실시한 한 조사에서는 일정 기간 동안 20개 종목의 주가가 오를지 내릴지 판단하게 했는데, 정확히 예측한 사람은 47퍼센트(동전을 던져서 점을 친 결과보다 조금 낮았다)인 데 비해 자신의 예측이 옳다고 생각한 사람은 평균 65퍼센트나 되었다.

자신의 판단 능력을 평소에 과신하고 있으면 리스크를 과소평가하기 쉬우며 자신이 상황을 능숙히 통제할 수 있다고 착각하기도 쉬워진다. 이것은 많은 운전자가 빠지는 과신과 유사하며, 투자를 할 때 잘못된 판단을 하는 주된 원인 중 하나이기도 하다.

그렇다면 금융 전문가는 신뢰할 수 있을까? 미국 최대의 경제 일간지가 이 문제를 다뤘으니 즉시 살펴보도록 하자.

성공하면 내 덕, 실패하면 남 탓

〈월스트리트 저널〉은 정기적으로 투자 전문가 몇 명을 초대해 어떤 종목을 사야 할지 의견을 물으며, 이와 동시에 증권 시세가 실린 페이지에 다트를 던져 네다섯 개 종목을 선정한다. 그리고 일정 시간 동안 이들 종목의 동향을 추적한다. 그런데 다트로 선정한 종목이 전문가가 추천한 종목보다 주가가 오른 경우가 적지 않다. 이럴 경우, 결론은 다트를 던진 사람이 겨냥을 잘했거나 어지간히 운이 좋았거나 둘 중 하나다.

자신의 능력에 대한 과신은 그때까지의 긍정적인 경험에서 나올 때가 많다. 가령 1990년대에 주식 시장에 뛰어든 사람은 좋은 성적을 올리기가 쉬웠다. 시장이 성장할 때는 쉽게 돈을 벌 수 있기 때문이다. 그러나 문제는 그 성공을 자신의 능력이라고 믿는 데 있다. 월스트리트의 오랜 격언처럼 "상승하는 시장을 자신의 지혜라고 착각해서는 안 되는" 것이다. 특히 결과를 평가할 때 우연, 운, 세로토닌*의 역할을 충분히 고려하는 것이 중요하다. 이에 대한 나심 니콜라스 탈레브Nassim Nicholas Taleb의 지적은 통렬하다. "운이 좋은 멍청이는 자신이 그런 사람이라고는 조금도 생각하지 않는다. (중략) 성공을 거듭하는 사이에 세로토닌(혹은 유사물질)이 더욱 왕성하게 생성되어, 시장을 한층 능숙하게 조작할 수 있다는 자신감이 깊어진다. (중략) 그들의 자세를 보면 그것을 잘 알 수 있다. 성공한 트레이더는 지배자처럼 가슴을 펴고 걸으며, 성공하지 못한 트레이더보다 말이 많다. 과학자의 발견에 따르면 신경 전달 물질인 세로토닌은 우리의 행동에 광범위하게 영향을 끼친다고 한다. 긍정적인 방향의 피드백을 일으켜 선순환을 촉진하지만, 좋지 않은 일이 일어나면 반대 방향으로 회전하기 시작한다."

*세로토닌 뇌 내 신경 전달 물질. 같은 전달 물질인 도파민(성욕, 식욕 등의 쾌감)과 노르아드레날린(두려움, 놀람) 등의 정보를 제어해 정신을 안정시키는 작용을 한다. 마음의 안정, 침착함, 충동성, 긴장감 등과 관련이 있으며, 일반적으로 세로토닌이 증가하면 뇌의 활동이 활발해지고 부족하면 우울 상태가 된다.

실제로 2000년도의 인터넷 열풍을 항우울제인 프로작과 관련짓는 사람도 있었다. "사람들은 완전히 들떠 있다. 자신을 밝고 명랑하게 표현할 수 있다는 눈에 띄지 않는 상황 변화가 구매에 대한 만족도를 높인다. 좋은 성과를 올린 것이 우연의 산물일지도 모른다는 생각은 악순환이 시작되기 전까지 한구석으로 밀려나게 된다."(나심 니콜라스 탈레브《능력과 운의 절묘한 조화》)

아마도 어느 정도는 우울하지만 그만큼 현명한 편이 더 나을 것이다. 이것은 단순한 농담이 아니다. 우울 성향이 있는 사람이 리스크에 직면했을 때 '적중'을 더 잘 시키며, 평균보다 신중하게 예측한다.

자신의 능력을 잘못 평가하는 것은 프로작 때문만은 아니며, 흔해 빠진 심리 트릭 때문이기도 하다. 우리는 실패보다 성공을 더 선명하게 기억한다. 우리의 책임으로 매우 중대한 불상사가 일어나서 그 기억이 평생 지워지지 않을 경우도 그 책임이 전부 자신에게 있다고는 생각하지 않는다. 책임의 무게를 줄이거나 완화시킬 수 있는 이유는 어떻게든 찾아내려 한다. 주지의 사실이지만, 성공의 어머니는 많아도 실패의 어머니는 찾기가 어려운 법이다. 이것은 과거에 일어난 사건에 대한 우리 개인의 마음속 저울도 마찬가지다.

우리의 행동이나 신념이 올바름을 뒷받침할 어떤 좋은 일이 일어나면 그 사건이 자신만의 능력 덕분에 일어났다고 생각하는 경향이 있다. 그런데 자신이 잘못했거나 자신의 잘못된 생각 탓에 일이 잘 풀리지 않았을 때는 자신이 틀렸음을 인정하고 그 실패에서 배우려 하는 것이 아니라 그 불쾌한 사건의 원인을 자신의 생각이나 행동이 아닌 운 등의 탓으로 돌린다. 운동선수는 (열광적인 팬조차도) 이겼을 때는 자신이 잘해서라고 생각하고 졌을 때는 운이나 심판의 탓으로 돌리곤 한다. 학생은 시험을 잘 보면 자신의 노력이 정당하게 평가받았다고 생각하지만, 시험을 망쳤을 때는 교사가 불합리하게 채점했다거나 심지어는 잘못 채점했다고 생각한다. 한편 교사는 학생의 성적이 좋으면 자신이 잘 가르쳐서 그렇다고 생각하고, 결과가 좋지 않으면 학생이 머리가 나쁘거나 공부를 안 해서라고 생각한다.

마찬가지로 우리는 자신에게 기한을 지킬 능력이 있는지는 모른 체하면서 타인은 기한을 반드시 지킬 것이라고 생각한다. 자신이 기한을 지키지 못했을 때는 좀처럼 일어나지 않는 예외적인 사정이 있어서 그랬다며 자신을 정당화한다. 타인의 탓으로 돌린 그 사정이 전혀 예외적이지 않은 일반적인 경우에도 그렇다.

나르시시즘이라는 함정은 다양한 방식으로 우리를 옭아맨다. 평소의 쇼핑이나 축구 토토의 경우도 예외가 아니다. 여러분도 세일 중이라는 문구에 홀려서 필요도 없는 물건을 산 적이 한두 번이 아닐 것이다. 아울렛이나 특가 상품은 구매욕을 왕성히 자극하고 반대의 기분을 억누른다. 이건 사면 이익이라는 생각이 들게 하는 특가 상품 앞에 서면 마이너스가 될지도 모른다는(필요가 없거나, 사실은 특가가 아닌 등) 생각은 완전히 잊어버리고 사야 할 이유를 계속 찾아낸다(좋은 물건이잖아? 이렇게 좋은 기회는 좀처럼 없다고). 그 쇼핑이 정말로 만족스럽다면 집에 돌아와서도 기분이 좋겠지만, 그렇지 않을 경우는 경솔했다고 반성하는 대신 속았다고 생각한다.

이와 마찬가지로 매주 축구 토토를 사는 축구 팬은 오랜만에 적중했을 때는 운이 아니라 자신의 실력이라고 생각하고, 적중하지 않으면 운이 나빠서라고 생각한다. 아무리 토토를 산다 한들 어쩌다 한 번 우연으로 적중할 뿐이며 매주 토토에 쓰는 돈을 메우기는 거의 불가능하다는 사실은 평생 깨닫지 못한다. 우리가 구매하는 것은 '꿈'이므로 그래도 상관없을지 모르지만…….

자신에게 유리한 측면만을 바라보지 마라

나르시시즘은 우리의 신념 속에도 깊게 뿌리를 내리고 있는데, 이것은 경제학자인 존 케네스 갤브레이스John Kenneth Galbraith, 1908~2006가 남긴 말로 요약할 수 있다. "의견을 바꿀 것인가 바꾸지 않을 것인가의 선택에 직면했을 때 대부분의 사람은 선택을 바꿀 필요가 없다고 생각한다." 요컨대 대부분의 사람은 자신의 신념이 옳다고 말해 주는 것을 좋아하며 그 반대인 것은 멀리 한다. 우리 대부분이 자신의 정치적 신조와 같은 논조의 신문을 읽는 것도 하나의 증거다. 요컨대 틀렸다는 말을 듣기보다 옳다는 말을 듣는 편이 기분이 좋은 것이다. 우리의 편이 되어 줄 정보를 열심히 찾고 반대 정보는 한 귀로 듣고 한 귀로 흘려버리는 것도 이 때문이다.

미국의 두 심리학자인 리처드 니스벳Richard E. Nisbett, 미시간 대학 앤 아버 캠퍼스과 리 로스 Lee Ross, 스탠퍼드 대학는 1970년대에 이와 관련된 유명한 조사를 실시했다. 그 조사는 다음과 같았다. 먼저, 학생을 그들의 신념에 따라 사형 찬성론자와 사형 반대론자의 두 그룹으로 나눴다. 그리고 두 그룹에 미국의 두 주의 범죄와 살인죄 지수에 관한 똑같은 통계표를 보여줬다. 첫 번째 주의 경우 예전에는 사형 제도가 없었지만 현재는 도입이 되었다. 두 번째 주의 경우는 예전에 사형 제도가 있었지만 현재 폐지되었다. 학생들은 이 통계를 보고 사형이 범죄 방지에 효과적인지 판단할 것을 요구받았다. 그러자 양쪽 그룹 모두 통계표가 자신들의 의견을 뒷받침한다고 주장했다. 완전히 똑같은 통계표였는데 말이다! 요컨대 똑같은 데이터를 사형 찬성론자는 사형의 유효성을 보여주는 것으로 읽었고, 사형 반대론자는 사형의 유해성을 보여주는 것으로 읽었다. 두 그룹 모두 '아주 그럴듯한 이유'에서 자신의 의견과 다른 부분은 경시하고 자신의 의견을 증명하는 부분은 필요 이상으로 주목한 것이다. 그뿐만이 아니다. 자신의 의견과 같은 부분에 대해서는 조사가 '올바르게 되었고', '중요한 사실'을 전달한다고 생각한 반면, 자신의 의견과 맞지 않는 부분에 대해서는 부절적하며 수긍할 수 없다고 판단했다.

즉, 우리는 보고 싶은 것만 본다. 싫은 것을 어쩔 수 없이 봐야 할 때는 관점을 바꿔버린다. 조사에 따르면 강한 선입견이 있는 사람은 옳은 측면과 잘못된 측면을 섞어서 하나로 만든 것을 보면 원래 있었던 선입견을 한층 강화시킨다고 한다. 이것은 자신에게 맞지 않는 것을 완전히 무시해서가 아니라 그것을 경시하고 소외시키기 위한 그럴듯한 이유를 열심히 찾아내기 때문이다.

혹시 과학자는 이런 성향과는 무관할 것이라고 생각한다면 그것은 오산이다. 과학자가 어떤 실험을 다시 한다면 그것은 자신의 이론에 맞는 결과가 나와서일까, 아니면 자신의 이론을 부정하는 결과가 나와서일까? 우리는 단순히 우리의 마음에 들고 옳다고 생각하는 것을 명백한 사실이라고 생각하는 것일 수도 있다. 그러나 그것이 가장 유익한 것이라는 보장은 없다. 실험 철학의 시조인 프랜시스 베이컨 Francis Bacon, 1561~1626은 이 사실을 잘 알고 있었다. 그래서 그는 자신의 본성에 주의하라고 경고했으며, "자신의 경험을 부인하는 것보다 시인하는 것을 더 즐거워하는 것은 전형적인 인지 오류다."라는 말을 남겼다.

베이컨의 말이 여러분에게도 적용되는지 알고 싶다면 다음의 퍼즐에 도전해 보기 바란다.

당신 앞에 카드가 네 장 있다
각각의 카드는 한쪽 면에 문자가, 뒷면에 숫자가 적혀 있다. 왼쪽 카드 두 장의 뒷면에는 숫자가, 오른쪽 카드 두 장의 뒷면에는 문자가 있다. 이제 다음 문장을 생각해 보자. "어떤 카드의 한쪽 면에 모음이 적혀 있다면 뒷면에는 짝수가 적혀 있다."

이 말의 진위를 알려면 어떤 카드(복수)를 뒤집어 보아야 할까?

이것은 1960년대에 영국의 심리학자인 피터 웨이슨 Peter C. Wason,

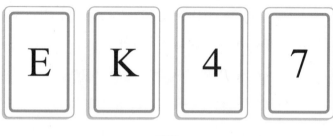

그림5

1924~2003이 실시한 정보 선택 문제에 관한 실험이다. 대다수의 사람은 'E'와 '4'를 뒤집는다. 정답을 알았다면 여러분도 카드를 뒤집어 보자(정답을 맞히는 사람은 열 명 중 한 명도 안 된다). 뒤집어야 할 카드는 처음과 마지막, 즉 'E'와 '7'이다.

이것을 깨닫기 위해서는 이 가설이 거짓임을 보여줄 수 있는 카드가 무엇인지를 생각해야 한다. 그것은 바로 한쪽 면에 모음이 있고 뒷면에 홀수가 있는 카드다. 만약 카드 네 장 중에 그런 카드가 한 장이라도 있다면 결과적으로 질문의 문장은 거짓이 된다.

그런데 한가운데의 두 카드는 당연히 상관이 없다. 한 장은 자음(K)이고 다른 한 장은 짝수(4)이기 때문이다. 그러므로 이 카드 두 장의 뒷면에 무엇이 적혀 있는지는 아무런 상관이 없다. 무엇이 적혀 있든 질문의 문장이 부정되지는 않으므로 뒤집어 볼 필요도 없다. 문장이 거짓이 되는 것은 'E'의 카드 뒷면에 홀수가 있을 때, 혹은 '7'의 카드 뒷면에 모음이 있을 때다.

이 카드 네 장의 문제에서는 대다수의 사람이 가설을 부정하는 정보에는 눈길을 주지 않고 긍정하는 카드에 주목한다. 요컨대 '모음과 짝수가 있는 카드'를 찾기 때문에 첫 번째와 세 번째 카드에 주목하는 것이다. 그러나 지금 살펴봤듯이 세 번째 카드는 상관이 없으며, 사실은 네 번째 카드가(첫 번째 카드와 똑같이) 중요하다. 그럼에도 사람들은 네 번째 카드를 애초에 무시해버린다.

우리가 좋다고 생각하는 쪽으로 향하는 것은 자신의 생각이 이미 존재하는 경우만이 아니다. 사전에 의견이나 신념을 가지고 있지 않았던 문제를 생각할 경우에도 우리는 베이컨의 말처럼 우리가 옳다고 생각하는 방향으로 주의를 향하며 반대 방향으로는 향하지 않는다.

그러나 실제로 어떤 문제와 마주하게 되었을 때 그렇게 바보짓만 하는 것은 아니다. 누군가에게 속을 것 같을 때는 특히 그렇다.

이번에는 어떤 디스코 클럽에서 보디가드를 해서 생계를 꾸려 나가는 학생이 되어 보자. 그 클럽의 원칙은 명확해서, 성인에게만 술을 판매한다. 그러면 문제다. 이것은 '20세 이상이라면 주류 OK'라는 뜻인데, 속았는지 아닌지 알려면 어떻게 해야 할까? 입구에는 긴 줄이 늘어서 있기 때문에 재빨리 판단해야 하지만, 잘못된 판단을 해서는 곤란하다. 문제는 앞의 카드 문제와 같다. 다만 이번에는 줄을 서고 있는 손님들이 종잇조각을 들고 있으며, 종이의 한쪽 면에는 나이가, 그 뒷면에는 주문할 음료가 적혀 있다(A는 오렌지 주스이고 G는 진 토닉. 나이를 거짓으로 적은 사람은 없다).

그렇다면 어떤 사람을 조사해야 할까? 누구의 종이를 뒤집어야 할까?

그림6

    첫 번째 사람의 종이에는 '21'이라고 적혀 있다. 조사해 보겠는가? 그는 아무 음료나 마실 수 있으므로 물론 조사할 필요가 없다. 두 번째 사람은 'A', 즉 오렌지 주스를 마시고 싶어 하므로 이 사람도 조사하지 않는다. 세 번째 사람은 'G', 즉 진 토닉을 마시고 싶어 하므로 미성년자가 아님을 확인하기 위해 종이를 뒤집는다. 네 번째는 '16', 즉 미성년자이므로 몰래 술을 주문하려 하지 않는지 살피기 위해 종이를 뒤집는다.

    앞에서 소개한 카드의 경우와 마찬가지로 이 경우에도 규칙을 어기는 조합을 찾으면 된다. 그러나 이 퍼즐에서는 정답을 맞힐 가능성이 매우 높다. 실제로 85퍼센트가 정답을 맞히는 데 성공했다. 일반적으로 생각의 방식은 전제의 내용에 좌우된다. 이 경우에는 문제의 내용을 봐도 정답이 나오기 쉽다. 한편 앞의 카드 문제는 추상적이기 때문에 이렇게 쉽지가 않다.

요컨대 여기에서 얻을 수 있는 교훈은 과학 철학자인 칼 포퍼 Karl Raimund Popper, 1902~1994의 주장과 같다. 논리적인 이유에서 우리가 추구해야 할 정보는 우리의 믿음에 대한 반증이라는 것이다. 이 교훈을 소중히 여기면 손쉬운 증명은 찾지 않게 되며, 시간이 지나면 나르시시즘을 없앨 수도 있을 것이다. 시간을 들이면 주위에서 날아드는 부정적인 정보를 깊게 생각할 수 있으므로 우리의 판단은 평소보다 잘 '적중'할 것으로 생각될 것이다.

경험의
훼방을 피하라

'그렇게 될 것'이라는 믿음

안타깝지만 경험이 항상 스승이 되어 주는 것은 아니다. 우리가 자신의 지식을 과대평가하는 이유는 알고 있었던 것, 혹은 알 수 있었을지도 모르는 것을 과대평가하기 때문이다. 여러분이 열광적인 축구 팬이고 지금 그 시즌의 우승을 결정하는 중요한 경기를 보고 있다고 가정하자.

0 대 0 상황에서 경기 종료 3분을 남겨 두고 여러분이 응원하는 팀이 페널티킥을 얻었다. 승리를 예감하며 떨리는 가슴으로 지켜보는 가운데, 팀의 인기 선수가 페널티 마크에 놓인 공으로 돌진해 슛을 했다. "······앗!" 잠시 후 여러분은 절규한다. "넣어 줄 거라고 믿었는데!!"

앞으로 일어날 일을 예상하는 것과 이미 일어난 일을 해설하는 것에는 큰 차이가 있다. 나중에 해설하는 것은 누구나 잘할 수 있으며 자신감도 가득하다. 증권 애널리스트는 그런 점에서 발군의 실력을 지녔다. 시장이 어떻게 움직이든 그들은 심오한 해설을 한다. 주가가 오르면 경기 회복 조짐에 주식 투자가들이 반응했기 때문이며, 주가가 내리면 부활 예측의 효과가 시장에 이미 반영되었기 때문 혹은 국제 정치에 새로운 걱정거리가 생겨났기 때문이다. 아주 작은 움직임에 대해서도 나름대로 해설을 한다(최악의 경우에는 주가의 기술적 조정 때문이라는 해설까지 한다). 투자가라면 증권 시장처럼 불안정하고 복잡하기 짝이 없는 곳은 우수한 애널리스트라도 예측이 어렵다는 사실 정도는 잘 알고 있다. 예언자보다 역사가가 더 많은 것은 이 때문이며, 경기 결과를 예측해 돈을 걸며 살기보다 스포츠 해설가로 먹고 사는 편이 나은 것도 이 때문이다

우리에게는 과거의 사건에 의미를 부여하고 그것은 이전의 상황에서 비롯된 피할 수 없는 결과라고 생각하는 특수한 능력이 있다. 그래서 사전에 알고 있는 정보가 있으니 이미 일어난 사건도 예측이 가능했으리라는 잘못된 믿음을 품고는 한다. 이른바 '때늦은 지혜'라는 소극적인 자세에서 나오는 판단의 편향(왜곡)은 카네기 멜론 대학의 바루치 피시호프 Baruch Fischhoff가 일련의 실험을 통해 증명했다. 그런데 이탈리아에서 월요일에 술집을 가면 학식과는 상관없이 모두가 이것을 증명한다. 그 곳에 있는 모두가 감독이 되어 경기가 그런 식으로 흘러갈 것을 다들 예상하고 있었다는 듯이 경기를 평가한다. 포메이션이 잘못된 것은 물론이고, 포지셔닝도 기존의 그것이 아니었으며, 그 패스도 그렇게 해서는 안 됐고, 센터포워드가 그 페널티킥을 실축할 것도 알고 있었던 것이다.

회사의 회의 등에서 경영자나 상사를 앞에 두고 분석 결과를 발표했다가 "그런 건 예전부터 알고 있었어!"라는 핀잔을 들은 경험은 누구나 한두 번쯤 있을지도 모른다. 얼마나 노력을 했는지, 보고서가 얼마나 우수

한지는 아무런 상관이 없다. 상사는 보고를 들은 순간 그 분석을 (너무나도 정확하기 때문에) 이미 알고 있었던 것처럼 생각해버리는 것이다. 그래서 여러분에게 한 가지 방법을 알려 주겠다. 다음에 새로운 보고서를 제출하거나 경영 회의에 임할 때는 눈앞에 있는 사람에게 지금부터 설명할 분석 결과가 어떤 것일지 미리 예측해 보도록 권하기 바란다. 잘만 하면 결론의 독창성을 보여줄 뿐만 아니라 그것이 최초의 직감과 어떻게 다른지도 쉽게 제시할 수 있을 것이다.

판단의 소극적인 편향은 월요일 아침의 기술 위원회(혹은 경영 대표자 회의)에서 흔히 볼 수 있는 광경을 연출한다. 결과가 일어난 뒤에 알았으면서도 미리 알고 있었던 사실들과 대조해 보고 당연히 그 결과가 나올 수밖에 없었다고 판단한다. 어떤 일이 실제로 일어난 뒤에는 예전에 막연하게 생각했을 때보다 더 일어날 법했던 일로 보이는 것이다. 이른바 '징조가 나타났던 대재해'도 예외는 아니다. 쌍둥이 빌딩에 비행기 두 대가 충돌한 그 유명한 사건도 나중에 생각해 보면 사전에 알지 못했던 것이 이상할 정도로 수많은 징후가 나타났다. 아랍 출신의 비행사 지망자의 훈련, 오사마 빈 라덴 일당의 소행으로 보이는 미국을 노린 위협과 음모, 수개월 전부터 있었던 비밀 기관의 경고. 지금 생각하면 명확해 보이는 여러 가지 징후가 있었기에 9 · 11 테러는 예상이 가능했다고 생각하는 사람도 있다. 그러나 정말 그럴까? 아랍인이 미국에서 비행사 자격을 따려고 한 것은 전혀 이상한 일이 아니다. 단순히 비행사가 되고 싶었을 수도 있다. 비밀 기관의 경고도 실제로는 아무 일도 일어나지 않았던 사례가 수없이 많았을 것이다. 우리는 불확실함 속에서 살고 결정하며 행동한다. 그것이 위험한 것인지 아닌지는 시간이 지나야 비로소 알 수 있다.

그러나 우리는 전문가로부터 명확히 지적을 받아도 좀처럼 태도를 바꾸지 않는다. 해일이 덮칠 우려가 있는 해안 지대에 관광 시설을 건설하기 위해 맹그로브를 잘라낸다(비록 일부분이지만 물에 대한 자연 방파제가 되어 줌에도). 또 로스앤젤레스의 주민은 언젠가 거대한 지진이 일어날 것을 전부터 알고 있지만 도시를 떠나려 하지 않는다. 들어오는 정보의 양이 방대한 탓에 정보의 옥석을 가리기가 쉽지 않고 다가오는 위험이 강조되어도 그 위험을 자신과 직접 연결시켜 진지하게 생각하기가 어려운 것이다. 특히 그 위험이 아주 가까운 것이기에 더더욱 분명히 눈에 보이는 것을 뿌리 뽑으려는 생각을 하지 못한다.

다만 만약 실제로 있는 것과 있어야 할 것 사이의 거리를 좁히고 그 양자 사이를 가로막는 전이되기 쉽고 혼란스러운 감정, 미래를 향한 시선에 엉겨 붙는 희망과 불안이 뒤섞인 감정을 걷어낸다면 잠깐의 외출조차 하지 않게 될 것이다. 그러나 역사는 이런 것까지 신경 쓰지 않고 사건을 그저 한 줄로 나열한 다음 필연적이므로 "아니요."라고도 말할 수 없는 인과관계 속에 집어넣어버린다. 그래서 지나간 일을 되돌아보면 일어나기 전까지는 상상도 하지 못했을 만큼 예측이 가능했다고 생각하는 것이다.

결과보다 프로세스에 주목하라

가령 물 한 잔을 마시는 아주 흔한 행동에도 위험이 없다고는 단언할 수 없다. 개수대까지 와서 수도꼭지를 틀려고 했는데 전화벨이 울려서 깜짝 놀란 순간 손에서 컵을 떨어트려 컵이 깨져버린다. 일단 깨진 컵은 그대로 놔두고 전화기로 달려가 전화를 받았더니 옆집 주민이 욕실 수리를 위해 수도를 일시적으로 잠갔다고 한다. 여러분은 물을 한 잔 마시고 싶을 뿐이었는데 컵은 컵대로 깨지고 갈증도 해결하지 못했다. 아무리 낙관하고 있어도(부엌으로 가서 수도꼭지를 틀면 갈증은 해결할 수 있겠지만) 예상치 못한 결과가 나타날 때는 있으며, 아무리 적절한 선택을 하더라도 생각했던 결과가 나오지 않을 때도 있다. 불확실함 속에서 살다 보면 우리의 능력과는 상관없이 능력이 원인이 아닌 방향으로 일이 진행되곤 한다. 그리고 이런 일은 경험을 되돌아보는 시선에 생각지 못한 그림자를 던질 때가 있다. 내린 결정이 적절했는지 아닌지를 생각할 때 잘못된 방향으로 결론이 유도되는 것이다.

유럽 중앙은행이 경제 침체를 내다보고 일련의 경기 후퇴 억제책을 실시했는데, 그 후 경기가 후퇴하지 않았다고 가정하자. 이것은 예상이 옳았고 억제책이 효력이 있었다는 방증일지도 모른다. 그러나 예상이 틀렸고 대비는 필요가 없었던 것일 수도 있다. 이번에는 경기가 후퇴했다고 가정하자. 이 경우 예상은 적중했으나 억제책이 효력이 없었던 것인지도 모른다. 그러나 한편으로는 예상이 틀렸으며 억제책이 오히려 역효과를 불렀다고도 생각할 수 있다.

어떤 결정이 옳았는지 아닌지를 알려면 그 결정에 동반되는 결과를 생각할 것이 아니라 결정의 프로세스를 생각해야 한다. "결과는 아무래도 상관없다."는 말이 아니다. 결과는 물론 중요하다. 그러나 결과에만 신경을 쓰면 결정하기 전에 직면했던 리스크나 불안정한 상황을 간과하기 쉽다. 문제는 결과를 안 뒤에(사전에 정확히 예측하기는 불가능하다) 결정을 평가하는 방식이 장래에 무엇인가를 결정할 때 영향을 줘서 좋지 않은 결과를 만들어낸다는 것이다.

업무상 복잡하고 불안정한 시장을 상대해야 하는 애널리스트는 가지고 있는 정보를 바탕으로 부적절한 추론을 하고 판단을 그르쳐 잘못된 투자를 할 때가 있다. 그러나 그럴 때도 여러 가지 이유(행운, 긍정적인 경기 변동, 예기치 못했던 합병 등)에서 좋은 결과를 낼 경우가 있다. 그러면 그 애널리스트는 다음에 같은 상황이 되었을 때도 같은 방식으로 투자하려 한다. 반대로 올바른 판단과 적절한 선택을 했는데 결과가 좋지 않을 때도 있다. 그러면 그 사람은 정확한 지식과 논리를 바탕으로 더할 나위 없는 분석이나 선택을 했음에도 자신의 방식에 의문을 품는 바람에 다음 매매에 실패하고 만다. 따라서 '때늦은 지혜'에 의지하면 잘못된 행동을 적극적으로 계속하거나 아깝게도 적절한 행동을 버리는 결과를 낳을 수 있다.

이것은 클리블랜드 메트로폴리탄 종합병원이 임상 병리학 협의회의 참가자 160명을 대상으로 실시한 조사에서도 잘 나타났다. 참가자를 두 그룹으로 나누고, 첫 번째 그룹에 어떤 것이 올바른 진단인지 알리지 않은 상태에서 몇 가지 주요 진단의 확률을 산정하도록 요구했다. 그랬더니 올바른 진단을 가장 높은 확률로 산정한 사람은 30퍼센트에 불과했다. 다음에는 두 번째 그룹에 어느 것이 올바른 진단인지 알린 뒤 첫 번째 그룹과 같은 시험을 했다. 그러자 이번에는 50퍼센트가 처음에 제시된 임상적 상황에 비추어볼 때 그 진단이 맞을 확률이 가장 높다고 판단했다.

책임 있는 위치에 오른 경험자와 함께 일하는 젊은 실습생은 이와 비슷한 상황에 처할 때가 적지 않다. 임상 데이터나 경험자의 진단 또는 결정, 특히 각 사례의 결과에 의지하는 것이다. 그렇게 되면 경험자의 진단이나 결정 능력을 신뢰한 나머지 올바른 진단을 신경 쓰지 않게 되더라도 이상하지 않다. 요컨대 소극적인 시각이 판단을 방해한 결과 임상 진단의 신빙성을 저하시키는 것이다.

결론을 말하면, 과거로부터 교훈을 얻는 것은 쉽고 빠른 길처럼 생각되지만 실제로는 수많은 '함정'이 도사리고 있다. 다음번에 물을 마시려고 부엌으로 가서 수도꼭지를 틀 때는 이미 지나간 일임에도 컵을 꼭 쥐게 될 것이다. 지금은 그것이 예기치 못한 불운한 사건이었음을 잘 안다. 그러나 지금의 당신은 우발적인 사건을 올바르게 구분할 수 있을까? 좀 더 불확실하고 복잡한 상황과 만나더라도 당신과는 관계가 없는 일과 당신의 선택이 만들어낸 일을 구별할 수 있을까? 잘못된 교훈을 얻지 않도록 주의를 기울일 필요가 있다.

12

투자의 흔한 심리학에
빠지지 마라

리스크를 추가해 리스크를 줄인다

금융에 관한 기존의 상식에서 보면 리스크와 리턴 사이에는 양의 상관 관계가 있어서 리스크가 크면 리턴도 그만큼 커진다. 이것은 '자본 자산 평가 모델CAPM*'을 봐도 명확하다. 어떤 주식의 리스크에 관한 주된 정보는 전부 이 모델에 따라서 베타 계수로 표현된다. 베타 계수는 어떤 투자의 수익률(변동률)이 시장 전체의 수익률(변동률)에 비해 어느 정도인지를 타나내는 지표다. 가령 베타 계수가 1이라면 이것은 그 주식이 시장의 변동과 거의 동조한다는 뜻이다. 베타 계수가 1보다 크면 그 주식의 리스크는 더욱 크며, 따라서 변동도 시장의 변동보다 크다. 그러나 이와 같은 모델은 기존의 관점에서는 올바를지라도 투자가의 실제 행동과는 거리

---

*CAPM 어떤 자산의 가격을 결정하기 위해 그 자산의 미래 현금 흐름의 기대치를 계산하는 모델. '어떤 자산의 기대 수익'='안전 자산의 이자율'+베타 계수×'시장의 기대 수익과 안전 자산의 이익률의 차이'.

가 있다. 실제로는 많은 투자가가 심리적 트릭에 빠져 리스크와 리턴의 올바른 상관관계를 파악하지 못하고 주식을 불합리한 방식으로 관리한다. 우리는 이미 이 책의 앞부분에서 이와 비슷한 사례를 살펴본 바 있다. 머릿속에서 리스크와 리턴을 별개로 계산해버리는 것이다. 이런 방식은 용돈을 쓸 때뿐만 아니라 주식이나 채권에 투자할 때도 영향을 끼친다.

지금 여러분이 컴퓨터 앞에 앉아 있다고 가정하자. 증권 회사의 화려한 홈페이지에 들어가서 증권, 채권 등을 실시간으로 매매해 이익을 실현할 수 있는 서비스에 접속한다. 이러한 신기술은 참으로 편리하기에 마음껏 활용하고 싶지만, 조심성이 많은 여러분은 돈의 운용을 신중히 하고자 한다. 리스크가 높으면 리턴도 그만큼 크다는 사실은 잘 알고 있다. 하루하루의 변동이 크면 이익이나 손실이 적지 않음도 알고 있다. 여러분은 확실하고 안심할 수 있는 장기 투자를 하려고 먼저 국채에 주목한다. 국채라면 이익은 적지만 리스크도 줄일 수 있다. 그러나 그것은 잘못된 생각일 수도 있다. 리스크가 적은 투자를 하면 분명히 안심할 수는 있겠지만, 과연 그것은 이치에 맞는 행동일까?

노벨상을 수상한 프린스턴 대학의 해리 마코위츠 Harry Max Markowitz는 이미 50년도 더 전에 이렇게 말했다. 올바른 선택을 하고 싶다면 얻게 될 리턴(표준 편차로 환산한)에 걸맞은 투자 리스크의 정도를 생각하는 한편으로 같은 증권 일람표에 있는 다른 주식들과 그 주식의 상관관계를 보면서 판단하라고 말이다. 이른바 '포트폴리오 이론*'은 선택한 주식의 전체적 변동률을 줄이기 위해 다양한 투자를 조합하는 편이 좋다는 주장이다. 한편, 이른바 '머리가 생각하는 계산'을 살펴보면 우리가 왜, 어떻게 해서 마코위츠의 법칙을 어기고 감정의 희생물이 되는지 알 수 있다.

우리에게는 주식이나 채권에 대한 투자의 리턴을 개별적으로 생각하는 습관이 있다. 머릿속에 있는 복수의 계산을 하나의 종합적 평가로 정리해야 리스크의 진짜 모습을 볼 수 있음에도 새로운 투자를 할 때는 완전히 새로운 계산을 해버린다. 개별 투자의 리스크를 생각하는 것보다는 각각의 주식이 다른 주식과 얼마나 상호간에 영향을 끼치는지 생각하는 쪽이 훨씬 중요하다. 극단적인 예를 들면, 리스크가 낮은 주식보다 리스크가 높은 주식을 추가했을 때 보유 주식의 리스크를 낮출 수조차 있다. 돈을 전부 장롱 속에 감춰 두기보다 일부는 보이는 곳(좀 더 위험한 곳)에 옮겨 두는 편이 좋은 것이다.

바꿔 말하면, 여러분이 특히 조심성이 많은 사람이어서 가진 돈 전부를 국채로 바꿔 장기 운용할 생각을 하고 있다면 리스크가 높은 증권을 10퍼센트 추가하는 편이 좋다. 이렇게 하면 전망은 극적으로 달라진다. 매우 위험한 증권이 추가됨에 따라 전체적으로 리스크가 크게 낮아지는 것이다.

*포트폴리오 이론 portfolio theory   투자의 세계에는 "달걀을 하나의 바구니에 담지 마라."라는 말이 있다. 그 바구니를 떨어트리기라도 하면 달걀이 전부 깨져버리기 때문이다. 요컨대 복수로 분산시켜 투자하라는 이야기다. 마코위츠 교수는 다종다양한 유가 증권을 분산 투자함으로써 수익을 최대화하면서 리스크는 최소화하는 방법을 이론화하고 '포트폴리오 이론'을 제창했다. 개별적인 증권·주식이 아니라 '집합체(포트폴리오의 의미)'로 보고, 종합적인 리스크와 리턴을 보며, 가격 변동이 다른 증권을 조합시킴으로써 이들의 균형을 통해 '리스크 회피'와 '운용의 효율성'을 꾀한다는 이론이다.

가까운 과거를 통해 가까운 미래를 점친다

리스크와 리턴의 관계에 관해 잘못된 판단에 이르는 또 하나의 '사고의 지름길'은 화려한 겉모습이다. 우리 대부분은 장래의 전망을 점칠 때 그 기업이 과거에 보여준 특성에 크게 의지한다. 특히 우량 기업의 주식은 우량주라고 생각하는 경향이 있다. 그 기업이 견실한 기업이라는 이유만으로 투자의 리스크도 그만큼 낮으리라고 생각한다. 투자가는 종종 우량 기업은 투자 대상으로서도 우량이라고 착각한다. 우량 기업은 도움이 되는 우수한 제품을 생산해 매출을 높이며 경영 방식도 우수한 기업이다. 한편 좋은 주식은 가격이 다른 주식보다 상승하는 주식이다. 이 두 가지가 항상 일치한다는 보장은 없다. 그러나 우리가 종종 함정에 빠지는 이유는 가까운 과거를 보면 가까운 미래를 알 수 있다고 굳게 믿기 때문이다.

이와 함께 과거에 성공한 종목은 미래의 리스크도 낮다고 생각하는 경우가 적지 않다. 미국의 유력지인 〈포천〉이 실시한 조사에서 사람들은 경영의 질과 재무 상태, 재무 건전성과 그 기업 주식의 신뢰성 사이에 깊은 관계가 있다고 생각한다는 사실이 밝혀졌다. 요컨대 과거의 성과를 보고 그 종목은 리스크가 적을 것이라고 판단하고, 이익을 예상할 때 순진하게 과거의 데이터를 이용하는 것이다. 그 이익이 시장 전체의 동향(그 종목이 나타내는 베타 계수의 변동)과 어떤 관계가 있는지는 거의 안중에 없다.

가까운 과거를 바탕으로 미래의 동향을 추측하는 것은 참으로 버리기 어려운 습관이다. 행동 재무 연구의 창시자 중 한 명인 허쉬 셰프린Hersh Shefrin이 이와 관련해 실시한 실험적 연구가 있다. 그는 사람들에게 델 사와 유니시스 사 가운데 어느 회사의 주가가 상승할 것 같으냐고 물었다. 참고로 당시 델 사는 승승장구했고(전년 회계 연도에 매출을 47퍼센트 성장시켰고, 최근 3년 동안의 이익 증가율이 두 배에 이르렀다) 유니시스 사는 후퇴하고 있었다(공장 가동률이 70퍼센트로 감소했다). 질문을 받은 사람들은 리스크에 대해 올바르게 파악하고 있었지만(손실을 낸 기업은 이익을 올린 기업보다 위험하다고 생각했다), 한편으로 과거에 성공한 기업(델 사)은 앞으로도 계속 성공할 것이고 과거에 손실을 낸 기업(유니시스 사)은 이후에도 지속적으로 손실을 낼 것이라고 판단했다. 좀 더 확실한 종목이 이익도 상승하리라고 예상한 것이다. 그러나 실제 결과는 이와 반대여서, 유니시스 사가 델 사에 비해 54퍼센트나 이익을 증가시켰다.

이와 같은 효과를 '승자 · 패자 효과'라고 부르며, 투자가가 최근의 실적에 과민 반응하는 현상을 가리킨다. 즉, 투자가는 이른바 과거의 패자주는 과도하게 비관적인 눈으로 보고 과거의 승자주는 과도하게 낙관적인 눈으로 보는 것이다.

친숙한 기업에 투자하고 싶어 하는 나쁜 버릇

이탈리아에는 수천 개에 이르는 주식 종목이 있으며, 유럽에는 수만 개, 미국과 일본 등 전 세계에는 그보다 몇 배나 많은 종목이 있다. 우리는 그 수많은 종목 중에서 투자할 종목을 어떻게 고르고 있을까? 각 투자의 리턴과 리스크에 대한 분석이나 다른 종목과의 비교를 올바르게 실시하고 있을까?

미국의 시장은 세계 증권 시장의 약 47퍼센트를 차지하며, 일본은 26퍼센트를, 영국은 13퍼센트를 차지하고 있다. '현대 포트폴리오 이론'은 이런 상황에 입각해 주식에 대한 투자를 다양화하는 편이 좋다고 주장한다. 그러나 우리는 과연 이런 상황을 효과적으로 이용하고 있을까? 미국인의 투자처는 93퍼센트가 미국의 종목이다. 일본인은 97퍼센트가 일본의 종목에 투자하고 있으며, 영국인은 82퍼센트가 영국의 종목에 투자하고 있다.

그뿐만이 아니다. 코카콜라라는 다국적 기업의 주식 중 16퍼센트를 누가 가지고 있는지 아는가? 코카콜라의 본사가 있는 조지아 주 애틀랜타의 사람들이다. 이탈리아의 식품 그룹인 파르마라트의 채권도 대부분을 연고지인 이탈리아의 에밀리아 주 사람들이 가지고 있다. 이것을 보면 많은 사람이 자사의 주식을 사고 있다고 해도 이상한 일은 아니다.

간단히 말하면 사람들은 자신의 돈을 가장 친숙한 회사에 투자한다는 말이다. 친숙한 회사에 대해서는 잘 알고 있다고 생각하며, 어째서인지 그 회사를 가장 신뢰할 수 있는 회사라고 믿는다. 그러나 '가까운 곳에 있다.', '친숙함을 느낀다.', '신뢰할 수 있다.' 같은 것은 그 종목의 리스크와 리턴의 관계와 아무런 상관이 없다. 하물며 '포트폴리오 이론'이 권하는 투자의 다양화와는 더더욱 맞지 않는다. 관념적인 이유에서 '친숙한' 회사를 선택할 수는 있지만, 그것이 우리의 재산에 악영향을 끼칠지도 모른다는 점은 자각하는 편이 좋다. 그러나 사람들이 친숙한 회사를 투자 대상으로 삼으려 하는 것은 관대함이나 친숙함 때문이 아니다. '향토애' 같은 마음에 투자가 지배당하기 쉽고, 그것이 오류의 근원이 되고 있는 것이다. 향토애는 합리적 투자를 돕기보다 투자에 관한 잘못된 이해를 심을 위험성이 훨씬 높다.

'친숙한 감각'은 우리가 빠지기 쉬운 '사고의 지름길'의 전형적인 예다. 여러 가지 종목을 고려해야 할 시점에 단순히 한 가지만을 선택하며, 그것이 다른 모든 것을 대표한다. 그러나 이 지름길로 가면 거의 반드시 잘못된 도착점에 도달한다. 다른 것과 비교해 보지 않는 탓에 지금 안고 있는 리스크를 실제 리스크보다 과소평가하기 때문이다.

투자 방식이 합리적이지 않아 리스크를 초래하는 사례는 그 밖에도 많이 있다.

사정에 밝을수록 유리한 투자를 할 수 있다는 착각

돈을 가지고 있다는 것은 분명히 바람직한 일이다. 그러나 일단 돈을 가지게 되면 불안감이나 걱정 같은 골치 아픈 감정이 생겨나기 쉽다. 투자는 그렇게 만만한 것이 아니다. 시장을 알고 수많은 정보를 모은 다음 다양한 팩터를 고려하며 선택해야 한다. 그뿐만이 아니라 자신을 잘 알고, 자신의 인지 방식과 '빠지기 쉬운 함정' 등도 알아 둬야 한다.

기묘하게도 우리의 머리는 종목 선택에 대한 불안감으로부터 도망치기 위해 심리적인 자기 방어 장치를 생각해낸다. 자신의 예측 능력을 과대평가해 상황을 통제할 수 있다고 생각하는 것이다('과잉 확신*'이라고 한다). 그러나 이것은 병을 더욱 악화시키는 치료법과 같아서, 우리를 더욱 비합리적인 존재로 만든다.

무슨 말인지 이해하기 위해 간단한 테스트를 해 보자.

당신은 각각 얼마를 걸겠는가?

A 동전을 던지기 던에 앞면 또는 뒷면에 얼마를 걸겠는가?

B 동전은 이미 던졌지만 앞면과 뒷면 중 어느 면이 나왔는지 알지 못한

---

*과잉 확신 overconfidence   자신의 능력이나 지식을 확신하는 것. 나쁜 사태가 일어날 확률을 과소평가하고('과도한 낙관주의'라고 한다), 지금 눈앞에서 일어나고 있는 일을 통제할 수 있다고 생각하며, 성공 확률을 주관적으로 높게 평가한다('지배의 착각' 혹은 '매지컬 싱킹'이라고 한다). 아직 몇 가지 가능성이 남아 있음에도('지나치게 좁은 예상 범위'라고 한다) 그대로 앞만 보고 달려간다. 여기에 추가적인 정보가 주어져도 자신의 예측을 보완해 주는 것이라고 확신하기 때문에('지식의 착각'이라고 한다). 휴리스틱의 '대표성', '이용 가능성', '앵커링 효과'를 떠올리자) 예측의 범위가 넓어지지 않는다. 정보의 정확성을 오인해 과도한 거래를 하는 투자 심리가 그 예다(예측이 빗나갈 확률을 수 퍼센트로 판단해도 실제로는 20~30퍼센트에 이를 경우가 적지 않다). 또한 '때늦은 지혜'식 선택의 원인이기도 하다.

다. 어느 쪽에 얼마를 걸겠는가?(물론 맞혔을 때 돈을 따지 못한다면 도박이라 할 수 없지만, 심리 테스트라고 생각하고 임하기 바란다)

사실은 각각 얼마를 걸겠느냐고 물으면 전자(A)보다 후자(B)에 거는 금액이 적어진다. 마치 어떤 일이 이미 일어났으면 확률이 달라진다고 말하는 것 같다. 바꿔 말하면 아직 사건이 끝나지 않은 동안에는 그 사건(동전 던지기의 결과)도, 때로는 우연까지도 어떤 방식(주문이나 정신 집중 등)으로 조작할 수 있다고 생각하는 듯하다. 예를 들어 주사위를 던질 때는 큰 수가 나오도록 하기 위해 힘껏 던진다든가, '1'이나 '2'가 나오도록 하기 위해 조심스럽게 던지는 식이다.

투자는 주사위나 동전을 던지는 것과는 다르지만, 상황을 조작할 수 있다고 생각하는 등 비슷한 함정에 빠지는 일이 적지 않다. 어떤 일에 익숙해지면 더 좋은 결과를 낼 수 있다고 생각한다. 가령 시장의 경우, 많은 정보를 얻으면 선택도 잘 할 수 있을 것이라고 믿는다. 그러나 정보의 대부분은 무책임하거나 오래 되었거나 신뢰할 수 없는 것들이다. 정보는 확실한 단서이기보다 풍문일 때가 많기 때문이다. 정보를 통제할 수 있다고 착각하면 중요하지도 않은 정보를 중요시하고 과도하게 반응하거나 과도한 행동을 하게 된다. 실제로 우리는 어떤 일에 정통할수록 그 것을 잘 처리할 수 있다고 생각하는 경향이 있다. 그러나 그 생각이 도를 넘어서면 가령 자신이 동전을 던질 경우 그만큼 자신에게 승산이 더 있다고 생각하기까지 한다. 다음에서 보듯이 데이 트레이더는 '과잉 반응'과 '과잉 행동'에 빠지기 쉽다. 자신의 '포트폴리오(채권·주식 전체)'를 제대로 관리하지 못하는 사람이 좋은 예다.

매매가 잦으면 손해를 본다

캘리포니아 대학의 금융경제학자인 브래드 바버 Brad M. Barber와 테렌스 오딘 Terrance Odean은 오랜 기간에 걸쳐 수천 명에 이르는 투자가를 조사한 결과 '주식의 매매가 잦은 사람일수록 실적이 나쁘다.'는 결론에 도달했다. 좀 더 자세히 말하면, 6천 가족을 대상으로 한 5년 간의 조사에서 다음과 같은 결과가 나왔다. 매년 포트폴리오의 회전율이 250퍼센트 이상인 20퍼센트의 가족, 즉 매매가 가장 빈번한 그룹은 모든 가족 중에서 실적이 가장 나빴다. 회전율이 가장 낮은 그룹보다 평균 7퍼센트나 수익이 적었다. 이것은 종목을 잘못 선택해서가 아니라 매매할 때마다 내는 수수료 때문이다.

어떤 사람들이 매매를 평균 이상으로 자주 할까? 당연한 말이지만 자신의 투자 능력을 평균 이상이라고 생각하고, 가지고 있는 정보를 이용하면 좋은 실적을 거둘 수 있다고 생각하는 사람이다. 어찌된 일인지 여성보다 남성 중에 그런 사람이 많다. 독신 남성은 평균 약 83퍼센트의 회전률로 자신의 포트폴리오를 운용했고, 기혼 남성은 73퍼센트, 독신 여성은 53퍼센트, 기혼 여성은 51퍼센트의 회전율로 운용했다.

바버와 오딘은 최근 인터넷을 이용해 그들의 견해가 맞는지 틀렸는지 조사해 왔다. 온라인 트레이딩은 최근 급속히 증가하고 있다. 인터넷 거래는 매매를 하기 위해 전화를 걸거나 창구에 가거나 재무 설계사를 찾아가는 것보다 경제적이다. 거래 수수료가 경쟁으로 75퍼센트 이상 저렴해졌다. 이것은 혼자서 주식 거래를 하려는 사람에게 매우 좋은 소식이다. 매매가 더욱 빠르고 효율적이며 간단해졌을 뿐만 아니라 경제적이게 된 것이다. 그러나 그렇다고 해서 그 덕분에 많은 투자가가 전보다 부자가 되었는가 하면 그렇지는 않다. 아니, 오히려 반대다. 장기 계획을 세우고 표를 보면서 주식을 사고파는 사람이 경제적 수단을 손에 넣었음은 분명하다. 그러나 온라인 거래는 일상적으로 할 수 있는 일이 아니다. 하루 종일 컴퓨터 앞에 앉아 시장에 타격을 줄 정도의 매매를 매일 하려면 개인 투자가는 극단적인 경우 자신의 직업을 포기하고 데이 트레이딩에 전념하게 될 우려도 있다(다행히 이런 사람은 전체의 1퍼센트에 불과하다).

바버와 오딘은 전화나 증권 회사를 이용한 거래에서 온라인 거래로 이행한 투자가 1,600명의 행동을 조사했다. 그들의 매매는 온라인으로 이행하기 전부터 이미 활발해서, 포트폴리오의 평균 회전율이 70퍼센트였다. 그리고 인터넷을 통해 시장이 더욱 가까워지자 포트폴리오의 평균 회전율이 연간 120퍼센트까지 급상승했다. 그러나 그렇다고 해서 이익도 그만큼 증가하지는 않았다. 온라인 거래를 시작하기 전에는 수수료와 세금을 뺀 이익이 목표액을 어느 정도 넘어서는 수준이었지만 온라인 거래로 이행한 뒤로는 목표액을 약 3.5퍼센트 밑돌았다. 인터넷이 그들에게 자만심과 조작 능력에 대한 과신을 심은 결과 '자만심+거래=이익 감소'라는 공식이 만들어진 것이다.

인터넷 거래를 통해 사람들은 매우 쉽고 빠르며 효과적으로, 그리고 저렴한 가격에 방대한 정보를 실시간으로 접속할 수 있게 되었다. 여기에서 말하는 정보는 과거의 실적(가격 변동), 거래, 기술적 분석, 가격, 매매 총량, 뉴스, 다양한 합의, 조언, 공개 토론회 등이다. 넘쳐나는 데이터와 의견, 조언이 조작 능력과 지식에 대한 과신('지식의 착각'이라고 한다)을 더욱 부추긴다. 그 결과 싼 가격에 주식을 파는 투자가 새로운 정보에 솔깃해 과도한 거래를 하는 사람가 나오는 한편, 다른 정보나 다양한 해석을 바탕으로 그 주식을 사는 투자가도 나온다. 이탈리아의 한 증권 회사는 온라인 거래의 홍보 문구로 "당신은 힘을 키웠다."를 사용했다. 이것은 두말할 필요도 없이 '지배의 착각'을 이용한 문구다.

이런 문제의 가장 합리적인 해결법은 돈 관리를 전문가에게 맡기는 것이다. 그러나 전문가 또한 같은 함정에 빠지는 경우가 있다. 노벨 경제학상 수상자들이 참여한 한 펀드의 사례가 그 좋은 예다. 그들은 초고액 펀드를 만들기 위해 뭉쳤지만 자신의 능력과 지식을 과신한 탓에 파멸적 결과를 초래했다. 이 사건은 금방 유명해져 수많은 언론에 보도되었다. 바로 그 유명한 거대 헤지펀드 LTCM 롱텀 캐피털 매니지먼트의 이야기다. 이 헤지펀드를 위해 금융 전문가 중의 전문가인 살로먼 브라더스의 거래팀과 미국의 중앙은행에 해당하는 FRB의 부의장, 노벨 경제학상 수상자인 마이런 숄스 Myron Scholes 와 로버트 머턴 Robert Merton, 그 밖의 우수한 연구자들이 모였다. 1994년에 탄생한 이 펀드는 초기에 파생 금융 상품 거래 등을 통해 천문학적 숫자의 수익을 냈다. 그러나 시간이 지나면서 큰 이익을 낼 만 한 거래 기회가 줄어들었음에도 거래 금액을 더욱 늘리고 이를 위해 차입금도 늘렸다. 그러다 1998년에 러시아의 모라토리엄 선언으로 불과 4주 만에 주요 시장의 주가가 폭락하는 등 예상 밖의 사태가 잇달아 발생했고, 이 영향이 전 세계의 주식 시장과 채권 시장에 파급되었다. 그 결과 이 놀라운 전문가 집단은 한 달 만에 펀드 자산의 90퍼센트를 잃었고, 금융 시스템 전체의 붕괴를 막기 위해 개입할 수밖에 없었던 FRB까지 압박했다.

그런데 그들은 왜 그렇게까지 리스크를 과소평가했을까? 이것은 두말할 필요도 없이 그런 엄청난 사태들이 한꺼번에 발생하리라고는 상상도 하지 않았기 때문이다. 만약 이 전문가 집단에 시장의 동향뿐만 아니라 자신들의 인지 메커니즘(심리적 편향)까지 고려할 수 있는 금융 행동 연구가가 있었다면 자신의 지식을 과신하는 과오를 피할 수 있었을 것이다.

피크・엔드의
법칙

잘못된 예측을 막아라

우리를 잘못된 방향으로 이끄는 것은 과거의 경험만이 아니다. 미래 경험의 예측 또한 잘못된 판단을 이끌 때가 있다. 우리는 이미 알고 있는 것뿐만 아니라 앞으로 알게 될 것까지 과대평가하는 경우가 있다.

그런 일은 있을 수 없다고 생각한다면 질문에 대답해 보기 바란다.

당신은 어느 쪽이 좋은가?

A 시릴 만큼 차가운 물에 60초 동안 손을 담근다.

B 시릴 만큼 차가운 물에 90초 동안 손을 담근다. 처음 60초 동안의 온도는 변하지 않지만 이후 30초 동안은 온도가 조금 올라가, 시릴 만큼 차가운 것은 마찬가지지만 어느 정도 나아진다.

이 경우는 어떻게 생각해도 A를 선택하는 쪽이 타당할 것이다. 어쨌든 불쾌한 기분을 30초 줄일 수 있으니 말이다. 그런데 대니얼 카너먼의 실험에서 참가자들에게 돈을 주고 A와 B를 모두 경험하게 한 다음 그들에게 한 번 더 경험해야 한다면 어느 쪽을 선택하겠느냐고 묻자, 놀랍게도 참가자의 80퍼센트 이상이 B를 선택했다. 대체 어떻게 된 일일까?

기쁨이나 고통의 경험을 한 직후에는 그 원인을 정확히 인식할 수 있다. 그러나 그것을 예상하는 단계에서는 반드시 현실에 상응하는 인식을 할 수 있는 것은 아닌 듯하다. 특히 미래의 경험을 예측할 때는 고통이 적은 쪽을 선택하는 경향이 명백히 나타난다. 그런데 실제로 A와 B를 경험해 보면 객관적으로 볼 때 더 고통스러울 터임에도 마지막에 좀 더 좋은 기억이 남는 B를 선택한다.

우리의 기억은 사건을 평등하고 공정하게 모으지 않는다. 그 사건에 동반되는 감정이 복잡하게 얽힌다. 그래서 어떤 경험을 평가할 때 그 경험의 전체적인 지속 시간 등을 등한시하고 고통이 좀 더 강렬했을 때(사건의 절정기(peak))와 마지막 시간(사건의 종말기(end))을 기준으로 판단하는 경우가 종종 있다. 이른바 '피크 · 엔드의 법칙*'이 작용하는 것이다. 간단히 말하면 경험을 하기 전에는 고통이 적은 쪽을 선택하고, 경험이 끝난 뒤에는 설령 시간이 길더라도 더 좋은 기억이 남은 쪽을 선택한다.

---

*피크 · 엔드의 법칙 peak-end rule　　어떤 경험에 대한 기억은 절정일 때와 끝날 때의 쾌감 혹은 고통의 정도에 따라 결정된다는 법칙. 대니얼 카너먼이 1999년에 발표했다. 경험의 기억은 주관에 따라 바뀌며, 그 사건의 시간과는 관계가 없다는 특징이 있다. 의료뿐만 아니라 다양한 경험에 적용된다.

전과 후의 판단이 달라진다

카너먼은 토론토의 임상의인 도널드 레델마이어Donald Redelmeier와 함께 일련의 실험을 실시했다.

당신이 충치를 치료하기 위해 치과에 갔다고 가정하자. 의사는 이미 드릴을 들고 있고, 당신은 앞으로 어떤 일이 일어날지 알고 있다. 첫 번째 조사에서 레델마이어와 카너먼은 이런 상황에 있는 복수의 환자에게 치료를 받는 동안 60초 간격으로 고통과 불쾌함을 '0(고통 없음)'부터 '10(극단적인 고통)'까지의 단계로 표현해 달라고 부탁했다. 그리고 치료가 끝난 뒤에 치료를 받으면서 느낀 불쾌감을 전체적으로 평가(역시 '0'부터 '10'까지의 단계로)해 달라고 요청했다.

다음 페이지의 그래프에서 가로축은 시간을, 세로축은 고통의 강도를 나타낸다. 여기에서 알 수 있듯이, 환자 B가 치료 중에 받은 고통은 전체적으로 환자 A보다 강했다. 색칠된 부분이 (각 환자가 느낀) 전체적인 고통을 나타낸다. 이 부분은 고통의 경험이 길어질수록 넓어지고, 매분 느끼는 고통이 강할수록 높아진다.

조사 결과, 치료가 끝난 뒤 환자에게 그 경험을 판단토록 했을 때 경험의 전체적인 지속 시간은 중요하지 않음이 판명되었다. 치료 시간은 4분에서 1시간 이상까지 다양했지만, 이것은 그 치료가 얼마나 불쾌했는지에 대한 환자의 판단에 거의 영향을 끼치지 못했다. 한편 환자가 치료 후에 내린 전체적인 판단은 치료를 받는 사이에 느낀 고통의 강도(절정기), 그리고 마지막에 느낀 고통의 강도(종말기)와 명백한 관련이 있었다. 이

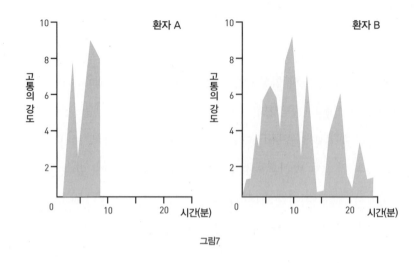

그림7

예의 경우, 절정기와 종말기의 평균은 환자 A보다 환자 B가 더 작았다(양자의 절정기는 거의 차이가 없지만, A의 치료는 상당한 고통을 수반하며 끝났다). 이 때문에 (객관적으로 보면) 환자 B의 고통이 더 심했음에도 치료에 대한 불쾌한 기억은 그다지 강하지 않았던 것으로 생각된다.

이 역설은 인생에서 고통을 동반하는 다른 상황에도 적용된다. 휴가 기간 내내 날씨가 나쁘다가 마지막 사흘 동안은 화창하게 갠다든가, 이혼의 슬픔이 이혼 과정에서의 반목이나 충돌 덕분에 약해진다거나……. 그런데 이런 것이 '감정이 지배하는 경제학'과 무슨 관계가 있을까? 주식 투자가 최악이라고까지는 할 수 없지만 기대한 만큼의 수익을 내지 못해 자신의 재무 설계사를 찾아가는 것은 치과에서 이를 뽑는 것과 맞먹는 괴로운(게다가 돈이 걸린) 경험이다. 자신의 경험을 머릿속에서 그리고 미리 예측한다는 점에서는 투자가도 환자와 다르지 않으며, 과거의 경험 가령 종목의 변동을 어떻게 파악하느냐가 장래의 선택에 커다란 영향을 끼친다.

예를 들어 당신이 1년 전에 바이오테크 사와 닷컴 사라는 두 회사의 주식을 각각 한 주당 2만 원에 매입했다고 가정하자. 1년 사이에 닷컴 사의 주식은 하락해서 1만 5,000원이 되었다. 한편 바이오테크 사의 주식은 줄곧 2만 원을 유지하다가 마지막 며칠 사이에 1만 6,000원까지 급락했다. 1년이 경과한 시점에서의 투자 실적은 바이오테크 사의 주식이 닷컴 사의 주식보다 명백히 낮지만, 주가의 추이를 지켜본 당신의 기분은 그와는 상당히 달랐다. 닷컴 사는 오랫동안 꾸준히 하락했지만 바이오테크 사는 막판에 급락했다. 이것을 본 당신은 다음 해에는 객관적으로 봤을 때 손실이 더 큰 닷컴 사에 투자하려는 생각이 들지도 모른다.

기분 좋은 경험도 마찬가지다. 가령 닷컴 사의 주식이 이듬해에 순조롭게 상승해 2만 5,000원까지 올랐다고 가정하자. 한편 바이오테크 사의 주식은 몇 달 동안 가격 변동이 없다가 마지막 며칠 동안 2만 4,000원까지 급상승했다. 바이오테크 사의 결과에 기분이 좋아진 당신은 이듬해에 객관적으로 봤을 때는 실적이 더 나쁨에도 다시 바이오테크의 주식을 살지도 모른다.

치과에서 치료를 받을 때의 고통의 경과와 주가의 동향에 따른 고통의 경과를 비교해 보라. 어떤 일이 일어나기 전과 일어난 후에 당신의 선택에 어떤 변화가 있을까?

경제를 움직이는
감정의 힘

우리는 유달리 돈에 관해서는 액수가 많든 적든 신중에 신중을 기하며 생각하는데, 그럼에도 무의식중에 모순된 판단을 내릴 때가 적지 않다. 우리의 머릿속에 있는 장부는 겉으로 보기 만큼 확실하지가 않아서, 하나의 거래에 매우 다양한 해석을 부여한다.

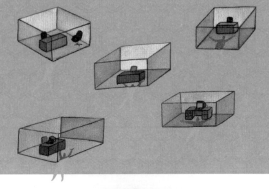

사람을 상대로 하는
손익 게임

대립 작전 게임

지금까지는 개인의 선택에 관해 살펴 보았다. 이번에는 사람들 속에 있을 때 우리가 어떤 행동을 하는지 살펴 보자. 다른 사람들도 우리와 같은 선택을 하고 우리와 마찬가지로 종종 스스로 감정의 함정에 빠지는 사람들이다. 적과 아군이 함께 있는 그라운드에서는 모든 선택을 상대와의 거래를 생각하면서 하게 된다. 상대방의 행동을 고려하고 그 움직임을 읽지 못한다면 합리적인 판단도 어려워진다.

이런 전략적인 행동에 관한 연구로 이른바 '게임 이론*'이 있다. 이 이

---

*게임 이론 theory of game   이해 대립을 포함한 복수 주체의 행동 원리를 게임의 형식으로 일반화한 이론. 폰 노이만이 머릿속에서 체스를 두다가 떠올려 모르겐슈테른(Oskar Morgenstern, 1902~1977)과 함께 경제 행동 분석에 사용한 것이 시초다. 젤텐(Reinhard Selten), 내쉬, 존 메이너드 스미스 등이 발전시켰다. 경제 · 경영, 정치 · 군사, 그리고 행동 생태학(진화적 안정 전략: ESS) 분야 등에서 사용된다. 단일 이론이라기보다는 각 분야에서의 행동 분석을 위한 접근법의 총칭이다. 합리적이고 합목적적 존재일 것을 가정하고 게임의 귀결과 최적의 전략을 모색한다. '매파 · 비둘기파' 전략, 죄수의 딜레마 등.

론에서는 상대의 행동에 대한 예상이 우리의 선택을 좌우하는 모든 활동을 게임으로 간주한다. 이번에도 축구를 예로 들어 설명코자 하는데, 먼저 오스발도 소리아노 Osvaldo Soriano, 1943~1997의 뛰어난 단편 소설 《세계에서 가장 긴 페널티킥》을 생각해 보자.

엘 가토 디아스는 역전극을 거듭 연출하며 선수권 대회의 최종전까지 오른 팀의 골키퍼다. 주심인 에르미니오 실바가 편파 판정을 해 홈팀의 페널티킥을 선언한 뒤, 양 팀 사이에서 난투극이 벌어져 경기 종료 몇 초를 남기고 경기가 중단되었다.

사건이 일어난 다음 주 화요일에 열린 축구 연맹의 심판 회의 결과, 페널티킥을 시작으로 20초 동안 경기를 계속한다는 결정이 내려졌다. 스트라이커인 콘스탄테 가우나와 골키퍼인 엘 가토 디아스의 페널티킥 대결은 일요일에 같은 그라운드에서 관중 없이 열린다. 이렇게 해서 그 페널티킥은 일주일이 연기되었고, 누군가 이의를 제기하지 않는 한 역사상 가장 긴 페널티킥이 되었다.

선수들은 클럽에 모여 트럼프 놀이를 했다. 희고 굵은 머리카락을 올백으로 넘긴 디아스는 그날 밤 아무 말도 하지 않았지만, 식사를 마친 뒤 이쑤시개를 물고 이렇게 말했다. "콘스탄테는 오른쪽을 노릴 거야."

"그 친구는 항상 오른쪽이지."라고 팀의 사장이 말했다.

"하지만 그 자식은 그걸 내가 안다는 걸 알고 있지."

"그거 골치 아프군."

"맞아. 하지만 나는 그 자식이 알고 있다는 걸 알고 있어."

"그러면 재빨리 오른쪽으로 몸을 날려." 테이블 맞은편에 앉아 있던 한 선수가 말했다.

"안 돼. 그 자식은 자기가 알고 있다는 걸 내가 알고 있다는 걸 알거든." 엘 가토 디아스는 이렇게 말하고는 자리에서 일어나 잠을 자러 갔다.

"하여튼 정말 이상한 친구라니까." 무엇인가 생각하는 듯이 천천히 걸어가는 엘 가토를 바라보며 팀의 사장이 말했다.

엘 가토와 콘스탄테가 '비협력 게임'을 하고 있음은 명백하다. 두 사람 모두 라이벌과 협력해 상대를 쓰러트릴 해결책을 궁리하고 있지 않다. 한 쪽이 이기면 상대는 반드시 지게 되는 것이다.

페널티킥 게임에는(축구뿐만 아니라 같은 구도가 형성되는 모든 게임에는) 재미있는 일면이 있다. 어떤 선수든 항상 같은 작전을 구사하면 성공한다는 식의 균형이 없다는 것이다. 엘 가토는 콘스탄테가 공을 어느 방향으로 찰지 전혀 알지 못하기 때문에 우연일 수밖에 없는 플레이를 해야 한다. 이것은 콘스탄테도 마찬가지다. 다시 말해 두 선수 모두 마지막 순간에 상상 속의 동전을 던지고 운에 맡기는 수밖에 없는 것이다.

그러나 완전히 우연에 의지하는 플레이를 하는 것은 쉬운 일이 아니다. 특히 골대가 눈앞에 있고 앞에는 공과 골키퍼밖에 없으며 주위의 공기가 납처럼 무거울 때는 더더욱 그렇다.

콘스탄테 가우나가 다가와 공을 놓았다. (중략) 훗날 그는, 지금까지 수없이 페널티킥을 차 봤지만 과거로 돌아갈 수 있다면 그 페널티킥을 다시

한 번 찼으면 좋겠다는 생각을 자나 깨나 한다고 말했다. (중략) 디아스가 한 발 앞으로 나와 오른쪽으로 몸을 날렸다. 공은 회전하면서 골문 한가운데로 날아갔고, 콘스탄테 가우나는 엘 가토 디아스의 발이 공의 방향을 바꿀 것임을 즉시 깨달았다. 디아스는 그날 밤의 댄스파티, 곧 찾아올 영광, 그리고 아직 인플레이 상황이니 누군가가 달려와서 지면을 구르고 있는 공을 밖으로 차냈으면 좋겠다는 생각을 했다. (중략) 밀라베리가 제일 먼저 달려와 공을 그라운드 밖으로 차냈지만, 주심은 그것을 볼 수 없었다. 간질 발작을 일으켜 쓰러져 있었던 것이다. (중략) 발작을 일으킨 그가 일어설 때까지는 아무 것도 확정할 수 없었다. (중략) 그는 먼저 '무슨 일이 일어났는지'를 알고 싶어 했다. 선수들이 상황을 설명하자, 그는 고개를 저으며 그렇다면 페널티킥을 다시 차야 한다고 말했다. 주심이 실신했다면 경기를 진행할 수 없다고 규칙에 나와 있다는 것이었다. (중략) 슛은 왼쪽으로 날아갔고, 엘 가토 디아스는 이번에는 우아하게 같은 방향으로 몸을 날렸다. 콘스탄테 가우나는 하늘을 쳐다보며 울음을 터트렸다.

소리아노의 다른 소설에도 페널티킥 실축 장면이 나온다. 혁명적인 마르크스 레닌 주의자들로 구성된 남미 팀의 센터포워드는 라이벌 팀의 골키퍼가 그의 정치적 신념을 알고 있음을 알고 있었다. '나는 내가 알고 있음을 그가 알고 있음을 알고 있다.' 식의 사고가 시작되었고, 결국 그는 자신의 습관대로 왼쪽으로 공을 찼다. 골키퍼도 그 방향으로 몸을 날렸는데, 이것은 적절한 선택이었다. 그러나 센터포워드는 골키퍼가 선택

따위는 할 틈도 없이 그쪽으로 뛰어들었음을 알지 못했다.

협동 작전 게임

이번에는 게임을 바꿔 보자. 여러분의 눈앞에는 '0'부터 '9'까지의 숫자가 적힌 종이 10장이 나란히 놓여 있다. 그리고 옆방에도 게임 상대의 앞에 같은 종이가 놓여 있다. 두 사람 모두 숫자가 적힌 종이를 하나 선택한다. 만약 두 사람이 같은 숫자를 선택했다면 10달러를 받을 수 있지만, 다른 숫자를 고른다면 아무 것도 받지 못한다. 이 게임은 이론적으로는 어렵지만 실제로는 간단하다. 우연히 고른다면 같은 숫자를 고를 확률은 매우 낮다. 그러나 많은 사람이 '0'을 골라서 10달러를 가져갔다.

이번에는 다음 상황을 생각해 보자. 여러분은 내일 밀라노에서 비밀 기관의 멤버와 만나야 한다. 시간과 장소를 미리 정할 수는 없지만, 일단 만나면 서로 누구인지 알 수는 있다. 그렇다면 언제 어디에서 만나야 할까? 이에 많은 사람이 정오에 대성당의 광장을 선택했다.

이런 종류의 '협동 작전 게임'은 일상생활 속에도 얼마든지 있다. 전화 도중에 통화가 끊어지면 나와 상대 중 어느 쪽이 전화를 다시 걸어야 할까? 미드필더는 센터포워드의 왼쪽과 오른쪽 중 어느 쪽으로 공을 차야 할까? 이것은 물론 센터포워드가 어느 방향으로 내달리느냐에 달려 있다. 그러나 센터포워드도 같은 문제에 직면한다. 오른쪽으로 내달리는 편이 좋은 것은 미드필더가 그 방향으로 공을 찰 경우만이다.

그래서 게임 이론은 동전을 던질 때와 같은 우연의 작용에 주목한다. 2005년에 노벨 경제학상을 받은 미국의 철학자 토머스 셸링은 대부분의 상황에서 무엇인가를 조정하는 문제는 눈에 띄지는 않지만 선택에 커다란 영향을 끼치는 사항에 주목할 때 해결된다는 데 주목했다. 숫자 맞히기 게임에서는 대부분의 사람이 '특이한 숫자'라는 이유로 '0'을 선택한다('0'은 제일 처음에 있을 뿐만 아니라 보기에도 특이한 숫자다). '0'은 눈에 띄는 선택지이며 다른 선택지에 비해 돌출되어 있어 타인과의 협동 문제를 '비합리적'이지만 현명한 방법으로 해결하는 열쇠가 된다.

수의 문제에서 '0'(혹은 정오에 대성당 광장에서 만나기)을 선택하는 것이 현명한 것은 어떤 조건이 바탕이 되었을 경우만이다. 그것이 가장 좋음을 내가 안다. 그것이 가장 좋음을 상대가 안다. 나는 상대가 그것이 가장 좋음을 알고 있음을 안다. 상대는 그것이 가장 좋음을 상대가 알고 있다는 것을 내가 알고 있음을 안다……. 이것이 무한히 계속될 경우에 국한된다. 요컨대 '0'이 특별한 선택지임을 공통적으로 인식하고 있을 때만 가능하다는 말이다.

언뜻 해결 불가능한 듯이 보여도 반복되면(혹은 두드러지는 해결법이 연속되면 그것이 바탕이 되어) 간단해지는 문제가 적지 않다. 습관은 그 전형적인 예다. 장례식에 검은 옷을 입는 데 특별한 이유는 없다(가령 중국에서는 장례식 때 흰 옷을 입는다). 그러나 공통된 마음을 표현하려면 모두가 같은 색을 선택하는 것이 중요하다. 이 경우의 돌출된 특징은 전통에서 유래한다. 오래 전부터 어떤 이유에선가 그 색의 옷을 입게 되었다. 우리는 오늘날 수많은 색 가운데 그 색이 지금까지 사용되어 왔다는 오직 그 이유만으로 모두가 그 색을 선택할 것임을 알고 있다.

셸링과 공동으로 노벨 경제학상을 수상한 이스라엘의 로버트 오만 Robert Aumann은 반복 게임에서의 협동 작전을 더욱 깊게 고찰하고 사회에서 함께 살아가기 위해 꼭 필요한 협동 문제에 몰두했다. 왜 빵집은 내가 매일 빵 값을 내지 않고 월말에 한꺼번에 내도 된다고 말하는 것일까? 왜 나는 학생들에게 일상적으로 책을 빌려 주고, 학생들은 그 책을 중고 서점에 팔거나 하지 않고 몇 주 뒤에는 내게 돌려주는 것일까? 이것이 무한히 반복되는 게임이다. 이 게임의 수많은 해결법 중에는 그 게임이 한바퀴만 진행될 경우에는 불가능한 균형 잡힌 협동 작업이 있다(만약 내가 상대를 두 번 다시 만나지 않는다면 상대의 신뢰에 보답하는 대신 그 신뢰를 이용해버릴지도 모른다). 그러나 반복되지 않는 게임에도 균형은 있다. 게다가 두 번 다시 만나지 않을 것임을 아는 사람 사이에도 신뢰는 존재한다. 이런 속성은 게임 이론의 대담하고 창조적인 일면을 형성하는 동시에 구체적인 문제나 선택에 대해서도 해결의 실마리를 제공한다.

이론과 실제의 차이

게임 이론도 수많은 기존의 경제학 이론처럼 사람을 냉정하고 합리적인 존재로 생각하는 오류를 오랫동안 범해 왔다. 그뿐만이 아니라 이 이론을 입안한 천재적인 수학자 존 폰 노이만 John von Neumann, 1903~1957과 존 내쉬 John Forbes Nash Jr., 1928~2015 수준의 초인적인 지능을 가지고 있다고 생각해 왔다.

게임 이론은 사람들이 전략적인 행동을 할 때(예를 들어 체스나 거래 등을 할 때) 최대한의 이익을 이끌어내려고 하는 방법을 수학 방정식처럼 도식화해 표현한다. 이것은 이 이론의 커다란 강점인 동시에 약점이기도 하다. '강점'은 상당히 다른 상황(구애 행동부터 냉전까지)에서 전개되는 게임을 대상으로 삼을 수 있다는 점과 결과의 예측이 정확하다는 점이다. 한편 '약점'은 문제의 상황을 정형화하고 게임에 참가하는 사람의 두뇌를 단순화해버린다는 점이다. 인간의 두뇌를 과도하게 합리적인 존재로 파악하고 비합리적인 인자(가령 도덕관이나 감정)는 무시하며, 아무리 복잡한 수학적 문제도 순식간에 해결할 수 있는 듯이 생각해버리는 것이다. 게임 이론과 그 한계를 직접 느끼기 위해 두 사람이 하는 다음과 같은 게임을 해 보자. 실험 경제학자 사이에서 독보적인 인기를 자랑하는 '최후 통첩 게임'이다.

당신은 플레이어 A다. 당신에게 100달러가 주어진다. 이것을 미지의 플레이어 B와 나눠야 한다. 당신이 B에게 돈을 준다. 게임의 규칙과 서로의 처지는 두 플레이어 모두 알고 있다. B는 돈을 받는 처지인데, 이때 돈을 받아도 되고 거부할 수도 있다. B가 돈을 받기를 거부했을 경우는 플레이어 A도 처음에 받은 돈을 몰수당한다.
당신은 얼마를 B에게 주겠는가?

가령 B에게 1달러를 주기로 했다고 가정하자. 처음에는 '1달러도 없는 것보다는 나으니까 받겠지.'라고 생각했는데, 문득 이런 걱정이 들었다. '혹시 거부하면 어쩌지? 내가 자기를 우습게 본다고 생각하지 않을까?' 고작 1달러이므로 그런 걱정이 드는 것도 무리는 아니다.

여러분은 고민 끝에 친구인 경제학자를 찾아갔다. 그는 노벨상을 수상한 게임 이론의 달인으로, 그의 이야기를 소재로 한 영화가 개봉되어 히트를 치기도 했다(러셀 크로 주연의 '뷰티풀 마인드'). 그(존 내쉬)는 이렇게 말했다. "이론상 제로에 가까운 돈을 주면 돼. 플레이어 B는 아무리 적은 금액이라도 받아들일 거야."라고. 그러나 여러분은 수긍할 수가 없었다. 이론상으로 어떻게 하면 되는지는 알았다. 그러나 실제로 어떻게 해야 할지는 여전히 알 수가 없었다('만약 거부하면 어쩌지?').

그래서 여러분은 또 다른 친구인 심리학자를 찾아가기로 했다. 그 또한 노벨상 수상자이며, 불확실한 상황에서의 결정에 관한 실험으로 유명한 사람이다. 그는 여러분에게 친절하게 설명을 해 준다. "경제학자는 현실 세계를 너무 몰라. 제공자(플레이어 A)와 수익자(플레이어 B) 모두 이론대로 행동하지 않는다는 건 내가 1980년대에 실시한 첫 실험에서 이미 밝혀졌지."라고 말이다.

수익자(B)의 행동은 간단히 설명할 수 있다. B가 돈을 받기를 거절했다면 그것은 B의 '효용에 대한 판단' 속에 돈이 아닌 다른 무엇인가가 섞여 있다, 즉 '조롱당했다.'고 생각했기 때문이다. B는 단돈 1달러를 받고 싶은 마음은 없으며, 게다가 당연하다고는 생각할 수 없는 제안을 해서 자신의 자존심에 상처를 입힌 상대를 응징하고 싶어 한다. 한편 플레이어 A가 (거의) 공평하게 나누려고 했을 경우, 그 행동에는 두 가지 이유를 생각할 수 있다. 플레이어 A가 공평무사한 사람이어서 상대에게 성의를 다하려고 했거나, 단순히 거부당하면 손해이므로 불공평하게 분배했다가 거부당할 경우의 손익을 머릿속에서 계산한 것이다.

이런 종류의 게임에서는 대부분의 경우 50퍼센트 이상의 사람이 절반을 상대에게 준다는 결과가 나왔다. 게임 이론의 견지에서는 합리적인 행동이 아니지만, 대체로 이것이 가장 사리에 맞는 판단이라고 수긍할 수 있다. 데이터에 따르면 20퍼센트 이하의 금액은 거부당할 확률이 20퍼센트가 넘는다. 오늘날까지 이 결과는 금액이나 국적, 문화에 상관없이 차이를 보이지 않고 있다. 다만 명확한 이유(재산 분배라든가)에 따라 최종적으로 분할할 총액이 매우 클 경우는 실제로 무슨 일이 일어날지 알 수 없다. 만약 분배할 금액이 100만 달러이고 그 가운데 10만 달러를 준다고 했다면 불공평한 제안을 한 상대를 응징하겠다는 이유만으로 그 돈을 포기할 수 있을까?

이 실험은 오로지 이타주의의 효과를 조사하기 위해 다른 버전으로도 수없이 실시되었다. '독재자 게임'으로 알려진 이 버전에서는 플레이어 B가 플레이어 A의 제안을 거절할 수 없으며, 플레이어 A는 자신이 원하는 대로 돈을 분할할 수 있다. 따라서 B에게 제공되는 금액은 크게 감소할 것으로 예상되었다. 그러나 실제로 실험을 해 보니 그렇지가 않았다. 플레이어 A의 50퍼센트 이상이 대범하게도 상대에게 돈의 절반을 나눠 주려고 한 것이다.

마지막으로, '최후통첩 게임'을 한 번이 아니라 여러 번 반복하면 결과가 달라질지 생각해 보자. 즉, 사람들은 경험이 쌓임에 따라 좀 더 합리적이 될 수 있느냐(경제적으로 생각할 수 있느냐)는 것이다. 그러나 결과를 봐서는 경제적인 관점에서 무엇인가를 배웠다는 명확한 징후를 전혀 발견할 수 없었다.

우리 중 대부분은 '공평', '성실', '정의' 등에 대한 명확한 관념을 가지고 있으며, 이 때문에 때로는 자신의 이익을 제일로 생각하는 이기주의가 약해지는 듯하다. 이것은 거래에 적지 않은 영향을 끼친다. '공평'하다고는 생각할 수 없는 자원의 분배와는 등을 돌리고 싶다는 마음이 경제생활을 크게 좌우하는 것이다. 예를 들어 전매권을 가진 사람은 가격을 결정할 때 플레이어 A의 처지가 된다. 그리고 사는 쪽은 플레이어 B가 '없는 것보다는 나은' 수준의 금액을 거부하듯이 불공평하다고 생각되는 가격에는 사들이지 않을지도 모른다. 따라서 설령 전매권이라는 무기를 가지고 있더라도 고객을 불공평하게 대할 수는 없는 것이다. 그 고객이 억만장자인 빌 게이츠라 해도 말이다!

여러분은 알지 못할지도 모르지만, 그는 2006년 여름에 이탈리아에 있는 사르데냐 섬의 에메랄드 해안에 요트를 계류하려다 취소한 적이 있다. 단 하룻밤을 정박하는 데 2만5천 유로나 든다는 사실을 알았기 때문이었다. 억만장자인 게이츠도 공평하지 않은 대우에는 민감하게 반응했다.

15

화를 내는
뉴런

뇌가 불쾌감을 느낄 때

앞과 같은 게임에서 여러분이 또 다시 A가 되었다고 가정하자. 다만 이번 버전은 굉장히 재미있다. 이번에도 플레이어 B에게 돈을 제공할 때는 상대의 머릿속을 잘 읽어야 한다. 그리고 현대의 신경 과학은 이때 뇌의 어느 부위가 어떻게 활동하는지, 이런 식의 선택을 할 때 상대의 뉴런에서는 무슨 일이 일어나는지에 대해 밝혀냈다.

플레이어 B의 뇌의 활동을 조사하기 위해 자기 공명 영상(MRI)이 사용되었다. 이 장치는 많은 병원에서 종양 진단 등에 사용되고 있는데, 이번에는 그보다 정교한 기계가 사용되었다. 많이 알려진 기능적 자기 공명 영상(fMRI)이라 부르는 것으로, 이것은 뇌의 구조뿐만 아니라 뇌의 활동까지 보여준다. 물론 직접 뇌를 열어서 보는 것은 아니며, 혈액 속에 산소가 집중되는 부분의 변화를 보면서 어떤 인지 작업에 관여하는 영역을 추측한다. 이 뇌 이미징 기술을 통해 플레이어 B의 뇌 속에서 주로 세

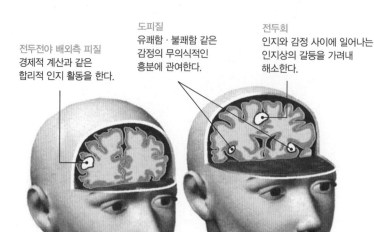

전두전야 배외측 피질
경제적 계산과 같은
합리적 인지 활동을 한다.

도피질
유쾌함·불쾌함 같은
감정의 무의식적인
흥분에 관여한다.

전두회
인지와 감정 사이에 일어나는
인지상의 갈등을 가려내
해소한다.

그림8

가지 부위가 활발히 활동한다는 사실이 밝혀졌다.

　그중 한 곳부터 살펴보도록 하자. 그곳은 전방 도피질 영역으로, 피질의 한 영역이다. 이곳에서는 복수의 본능적 감각과 무의식적인 반응을 자동으로 점검한다. 또한 미각과 후각의 활동(이곳에 전기 충격을 가하면 구역질을 한다)이나 분노와 혐오감 등 부정적인 감정의 표출과 관계가 있는 것으로 알려져 있다. 다음에 소개할 실험에서 알 수 있듯이, 이곳은 도덕 감각과도 연결되어 있는 듯하다. 그리고 물리적 불쾌감(나쁜 맛이나 악취 등)과 정신적 불쾌감('쓴잔을 들이키다.' 등의 표현으로 대표되는)을 통해 자극을 받는 뉴런의 부위 또한 이곳이다.

당신이 불공평한 금액을 상대에게 전한 지 얼마 후에 상대방의 이 영역이 활발히 활동한다면 상대가 상처를 받았을 확률이 매우 높으며, 상대는 당신의 자세에 분노해 제안을 거부할지도 모른다.

이번에는 전두전야 피질의 배외측부로 시선을 옮기자. 다양한 기능을 하는 이 광범위한 영역은 신피질의 전두엽의 앞부분에 있으며, 뇌 전체에 관여하는 진화적으로 가장 새롭고 '위엄 있는' 부위다. 이 부위의 일부는 (합리적) 인지 작업을 실시하며, 제시받은 것을 추적하고 그 작업을 기억시키는 역할을 한다. 상대의 이 부위가 활발하게 활동한다면 타인에게 무엇인가를 제공할 때 이기심에서 적은 양만 주더라도 상대가 받아들일 가능성이 높다. 이 영역은 실제로 '합리성의 핵'과 같은 곳으로, 오로지 이익을 노리고 '최대의 효용'을 생각해 돈을 받도록 재촉하기 때문이다. 1달러라도 안 받는 것보다는 낫다고 생각하는 것이다.

마지막으로 전두회라고 부르는 피질의 영역을 살펴보자. 이곳은 인지의 모순을 찾아내 오류나 틀어짐을 가리는 작업을 한다. 요컨대 일종의 '관리 · 선별 센터'로, 예를 들어 인지상의 동기와 감정적인 동기 사이의 모순 등 내부의 모순을 집어내 해소하려 한다. 만약 당신이 불공평할 만큼 적은 금액만을 상대에게 제시한다면 상대의 전두회가 활발히 활동해 변변치 않은 금액을 받는 것에 대한 본능적 불쾌감과 순수한 경제적 합리성에 바탕을 둔 계산 사이의 갈등 조정에 나선다. 이 영역의 활동 자체가 상대방에게 돈을 얼마나 제공해야 할지를 당신에게 가르쳐 주지는 않는다. 그러나 당신이 구두쇠여서 부당한 금액을 제시하면 상대는 어떤 선택을 할지 생각하며, 이때 그 사람의 뇌에 있는 어떤 부위가 '이성

(적은 금액이라도 안 받는 것보다는 낫다)'과 '감정(나를 바보로 아는 건가?!)' 사이의 거래를 시작한다는 중요한 사실을 가르쳐 준다.

인지와 감정의 활동에 관여하는 뉴런의 흥분이라는 재미있는 게임을 깊이 이해하기 위해서는 제공자가 당신이 아니라 컴퓨터일 경우를 생각하면 된다. 돈을 받는 사람은 상대가 감정 따위는 없는 컴퓨터임을 알고 있다. 이럴 경우는 어떻게 될까? 당연히 감정을 조절하는 영역의 활동이 약해진다. 실제로 도피질은 그다지 흥분하지 않는다. 컴퓨터는 자신의 의사가 없으므로 공평해질 수도 불공평해질 수도 없음을 알기 때문이다. 그래서 전두전야 배외측 피질이 주도권을 잡고 컴퓨터가 어떤 금액을 제시하든 예스라고 말하게 한다. 전두회도 갈등다운 갈등이 없으므로 활발히 활동하지 않는다.

여기까지 읽었으면 '독재자 게임'을 할 때 돈을 받는 쪽의 머릿속에서 무슨 일이 일어날지 예측할 수 있을 것이다. 이 게임에서 플레이어 B는 제안을 거절하지 못하기 때문에 어떤 금액이든 잠자코 받아들이는 수밖에 없다. 그러나 당신이 독재자가 되어 상대에게 불공평한 제안을 했다면 상대는 당연히 불쾌함을 느끼며, 도피질도 불쾌한 사건에 활발히 반응할 것이다. 그러나 그 사람의 전두전야 배외측 피질과 전두회는 활동하지 않는다. 해결해야 할 인지상의 문제는 없으며, 개입해야 할 갈등도 없기 때문이다. 해야 할 일은 오직 하나, 모욕감을 참는 것뿐이다.

상대의 머릿속을 읽는다

《세계에서 가장 긴 페널티킥》의 이야기나 지금 소개한 실험(애리조나 대학의 앨런 산페이Alan G. Sanfey가 실시했다)은 어떤 일을 결정하는 과정에서 특히 중요한 것을 부각시켰다. 바로 상대의 마음을 '읽는' 것이다. 이것을 이해하기 위해서는 이런 점에서 심각한 결함을 지닌 자폐증이 있는 사람의 행동을 관찰하면 된다.

일반적으로 아이들은 4세에서 4세 반 사이에 타인의 마음을 읽는 힘이 급속히 커진다. 객관적으로 보면 사실이 아니어도 타인이 사실이라고 생각하고 싶어 할 때는 그것을 이해한다. 가령 4세 정도의 아이에게 한눈에 캐러멜 상자임을 알 수 있는 것을 보여준다. 그리고 상자를 열기 전에 그 안에 무엇이 들어 있겠느냐고 물으면 그 아이는 "캐러멜"이라고 대답한다. 그런데 상자를 열었더니 연필이 들어 있었다고 가정하자. 그리고 그 아이에게 이번에는 다른 질문을 한다. 복도에서 기다리고 있는 친구는 이 상자에 무엇이 들어 있다고 생각할 것 같으냐고. 그러면 그 아이는 (우리와 마찬가지로) "캐러멜"이라고 대답할 것이다.

그런데 4세 미만의 아이나 자폐증이 있는 아이(몇 살이든 상관없다)에게 이 실험(이 유형의 소설의 주인공 이름을 따서 '샐리와 앤 테스트'라고 부른다)을 하면 기묘하게도 "연필"이라고 대답한다. 다른 아이는 아직 방 안에 들어오지 않아 상자에 연필이 들어 있는 줄 모르므로 캐러멜이 들어 있을 것이라고 생각할 터지만 이것은 자폐증이 있는 아이에게는 당연한 이야기가 아니다. 아니, 그들은 이해를 하지 못한다. 타인의 처지가 되어 생각하지 못하기 때문에 (상자 안에 연필이 있다는) 객관적인 사실과 객관적인 오류 사이의 차이를 파악하지 못하는 것이다.

또 어린아이들을 대상으로 돈 대신 캐러멜을 사용해 '최후 통첩 게임'을 하면, 유아(약 6세 이하의 어린아이들)는 거절을 할 경우 아무 것도 받지 못한다는 사실을 알고 설령 적은 양을 주더라도 그것을 받아들이며, 7세 이상의 아이는 어른과 똑같은 행동을 한다. 한편 자폐증이 있는 아이들은 나이와 상관없이 유아와 같은 반응을 보였다. 아무리 불공평하더라도 제시받은 분량을 받아들인 것이다. 자폐증이 있는 아이들은 타인의 마음속을 읽지 못하기 때문에 '최후 통첩 게임'에서 '보통 사람'보다 합리적으로 행동한다. 플레이어 A일 때는 상대에게 아주 조금만 주고, 플레이어 B일 때는 아무리 적은 양이어도 받아들인다. 요컨대 경제학 교과서에 나오는 완벽한 행동을 하는 것이다.

이런 게임과 관계가 없는 다른 실험에서도 타인의 마음을 읽는 뇌의 부위는 오로지 전두전야 내측 피질(정확히 말하면 브로드만 영역 10)에 있음이 밝혀졌다. 따라서 이 영역에 장애가 있는 사람은 타인의 생각을 이해하지 못한다. 노벨상을 받은 버논 스미스Vernon Lomax Smith는 오랜 동료인 케빈 맥케이브Kevin McCabe와 함께 이 결과를 개인 간의 신뢰와 협동 작업을 기반으로 한 게임에 응용했다. 규칙은 이렇다. 플레이어 A는 적은 분배(가령 2달러)를 받고 금방 게임을 끝내도 되고, 플레이어 B에게 차례를 넘겨 게임을 이어 나갈 수도 있다. B는 상당한 금액(25달러)을 받고 A에게 한 푼도 주지 않은 채 게임에서 빠져나올 수도 있지만, A에게 차례를 넘겨 게임을 계속할 수도 있다. 그러면 마지막으로 A가 서로에게 적당한 금액(20달러)을 분배해 모두가 기분 좋게 게임을 끝낼 수 있다.

플레이어가 상대 플레이어를 신용하고 상대도 자신을 신용하리라고 예상해 게임에서 이탈하지 않는다면 브로드만 영역 10은 이례적으로 흥분한다. 그러나 같은 게임이라도 상대가 사람이 아니라 컴퓨터임을 알 경우는 이야기가 달라진다. 상대가 컴퓨터여서 공평함과 불공평함을 의도적으로 결정할 수 없음을 안다면 뇌는 활동하지 않는다. 컴퓨터는 우리가 읽을 수 있는 의도를 가지고 있지 않다고 생각하기 때문이다.

요컨대 우리가 철저히 합리적으로, 경제학 이론에 완벽하게 부합하도록 행동할 수 있는 것은 자폐증이 있는 사람이나 뇌에 장애가 있는 사람, 혹은 자신의 의도가 없다고 생각되는 대상을 상대할 경우만이다. 그러나 이것은 인간의 한계가 아니다. 한계가 있는 것은 경제학 이론 쪽이며, 경제학은 우리의 뇌가 어떤 활동을 하는지 좀 더 탐구해야 한다.

복수의 중요한 목적은 쾌락

우리가 올바르지 않다고 생각하는 사람의 행동을 벌주려고 할 때, 여기에는 또 다른 동기가 있다. 단순히 말하면 쾌감을 맛볼 수 있기 때문이다. 이것은 맛있어 보이는 요리를 봤을 때, 돈을 벌 수 있을 것 같을 때, 섹스나 마약을 경험했을 때 느끼는 것과 같은 본능적인 쾌감이다. 이 쾌감을 가르쳐 주는 것은 우리의 뇌로 기쁨, 만족감, 보수 등을 제어하는 부위의 활동이 활발해진다는 사실이 몇 가지 실험에서 확인되었다. 바로 선조체(특히 후부의)라고 부르는 이른바 신경절(혹은 기저핵) 중 하나로, 미상핵과 피각을 포함하며 피질 아래에 있는 안쪽 부분, 뇌의 중심을 향하는 뇌간의 상부에 있다. 선조체는 변연계와 인접한, 도파민계 뉴런이 풍부한 부위다. 이곳은 신피질에 비해 기원이 오래된 뇌 부분으로, 감정을 감시한다는 어려운 역할을 맡고 있다. 선조체가 마약 중독이나 목구멍 질환의 영향을 받는다는 사실은 예전부터 알려져 있었는데, 그것만이 아니다. 이곳은 '복수의 즐거움'과도 관련이 있다. 취리히 대학의 도미니크 드 쿼르뱅Dominique de Quervain과 에른스트 페르Ernst Fehr가 연구를 통해 이 사실을 밝혀냈다.

사실 우리는 사회적 약속을 어긴 사람을 벌주기를 매우 좋아하며, 이를 위해 자신에게 아무런 이득이 없어도, 아니 약속을 어긴 것보다 더 큰 대가를 치르게 되더라도 아랑곳하지 않고 그 기쁨을 추구한다. 해야 할 행동을 하지 않거나 성실하고 올바르게 행동하지 않는 사람을 응징하는 기쁨을 설령 커다란 희생을 치른다 해도 포기하려 하지 않는 것이다. 자신의 이익을 최대한으로 이끌어내려고 하는 경제적이고 이기적인 계산 따위는 보이지 않는다. 우리 뇌의 깊은 곳을 들여다보면 어떠한 상황에서나 타인을 위해, 모두의 행복을 위해 남을 벌주며, 그렇게 해서 속이 후련해질 수 있다면 손해를 보더라도 개의치 않음을 명확히 알 수 있다.

스위스의 학자들이 실시한 실험의 목적은 많은 사람에게 '신용 게임'을 하게 하면서 뇌의 활동을 조사하는 것이었다. 이를 위해 양전자 방출 단층 촬영 PET을 사용했는데, 이 핵의학 기술을 사용하면 양전자를 방출

하는 방사성 동위 원소가 많이 포함되어 있는 물질을 혈액 속에 투입함으로써 생화학적 그리고 생리학적 활동을 세포 층위의 정확성으로 살펴볼 수 있다. 기능적 자기 공명 영상fMRI과 비슷하지만 정밀도는 이쪽이 더 높다.

이것은 매우 훌륭한 연구였다. 타인을 상대했을 경우의 신용의 효과를 파악할 뿐만 아니라 상대가 자신의 신뢰에 보답하기는커녕 그 신뢰를 이용했을 때 느끼는 강렬한 불쾌감도 파악하려 했기 때문이다. 지금 이곳에서 생각해야 할 것은 바로 그것, 즉 누군가가 우리를 이용했을 때 우리가 보이는 반응이다.

신용 게임의 내용은 이렇다. 두 참가자 A와 B가 익명으로 거래를 한다. 두 사람 모두 먼저 10달러를 받는다. A는 그것을 자신이 가지고 있어도 되고, B에게 줘도 된다. A가 B에게 보내는 금액은 전부 네 배가 된다. 예를 들어 A가 10달러를 전부 B에게 준다면 40달러가 되며, B가 가진 돈은 앞서 받은 10달러를 포함해 50달러가 된다. 만약 B가 신뢰할 수 있는 인물이고 A에게 협력적이라면 A와 돈을 균등하게 나눌 것이고, 그러면 A는 10달러가 아니라 25달러를 얻을 수 있으므로 두 사람 모두 이익을 얻는다. 그러나 B가 A에게 돈을 돌려주지 않고 50달러를 독차지할 경우도 생각할 수 있다. 이 경우 A가 B에게 보인 신뢰는 배신을 당하게 된다.

이 실험에서 우리가 알고 싶은 점은 후자, 즉 상대를 믿고 10달러를 보냈는데 배신을 당했을 때 A의 머릿속에서 무슨 일이 일어나느냐다. A는 B에게 벌점을 줘서 B로부터 1점당 2달러를 몰수할 수 있다(다만 이것이 중요한데, B의 돈을 몰수해도 A가 가진 돈은 전혀 늘어나지 않는다). 또 이 실험에서 특히 흥미 깊은 버전의 경우는 단순히 A가 가진 돈이 늘어나지 않는 것이 아니라 오히려 줄어든다. 즉, A가 B에게 벌점 1점을 줄 때마다 B는 2달러를 잃고 A는 1달러를 잃는다.

　주의해야 할 점은 이 게임이 단판으로 끝난다는 것이다. 따라서 A는 다음에 함께 게임을 할 때는 서로 협력하자는 메시지를 보낼 목적으로, 즉 다음에는 더 많은 이익을 얻기 위해 B를 벌주는 것이 아니라고 생각할 수 있다. 그러나 아마도 A는 B를 벌함으로써 협력이라는 '이타적인' 교훈을 주는 기쁨을 위해, 즉 자신을 위해서가 아니라 다음에 B와 게임을 할 사람을 위해 B를 벌주는 쪽을 선택한다고 생각하는 편이 자연스럽다.

　과연 양전자 방출 단층 촬영을 통한 분석 결과는 무엇을 보여줬을까? 이 실험을 하는 동안 후부 선조체의 부위에서 활발한 활동을 나타내는 혈류 증가가 발견되었다. 이 부위는 어떤 일정한 대상을 향한 행동이 일으키는 기쁨을 앞서서 느낀다. 그뿐만이 아니다. 신뢰를 배반한 상대를 벌주기 위해서라면 값비싼 대가도 마다하지 않겠다는 마음이 강해졌을 때도 활동이 활발해진다. 즉, 선조체의 활동과 B를 벌주기 위해 A가 치를 수 있는 대가, 그리고 벌을 줌으로써 얻는 만족감 사이에는 양의 상관관계가 있는 것이다. 복수는 식은 요리일지도 모르지만, 동시에 뜨거운 기쁨을 주기도 한다. 그렇지 않다면 벌을 줄 경우 A가 대가를 치르게 되는 게임에서 손해를 마다하지 않는 심리를 이해할 수 없지 않은가?

　이 게임을 할 때 A의 머릿속에서 활발히 활동하는 부위는 선조체만이 아니다. 더욱 고도의 인지 작업에 관여하는 전두전야 피질도 활발해진다. A의 머릿속에서는 더 큰 금전적 손실과 B를 벌줌으로써 얻는 만족감을 조절하기 위해 인지상의 갈등이 일어났을 것이다. 전두전야 피질이 활발해졌다는 말은 이타적인 성격의 벌이 쾌감을 일으켰다는 간접적인 증거이기도 하다. 실제로 벌을 주는 것이 기쁨이 되지 않는다면 돈을 걸면서까지 그렇게 할 의미가 없다. 전두전야 피질은 비용과 리턴의 계산 따위는 전혀 하지 않을 터이기 때문이다.

이 신경 생리학적 실험에서 나타난 이타주의의 밑바탕에 자리한 것은 사람들에게 타인을 생각하며 행동하도록 만드는 것과는 전혀 상관이 없다. 실험 결과는 오로지 우리의 행동에서 도출된 것이지, 우리의 의도에서 나온 것이 아니다. 즉, 생리학적으로 봤을 때 하나의 행위가 이타적이 되는 것은-타인을 위해 무엇인가를 하려는 마음과는 상관없이-개인의 부담으로 집단이 이익을 얻는 경우다. 이와 같은 특수한 의미에서 우리의 뇌는 사실상 이타적으로 작용해 협력 관계를 깨는 자를 벌함으로써 벌을 받은 자가 미래에는 타인과 협력하도록 작용한다. 그러나 여기에 고귀한 동기나 인간적인 이상 따위는 없으며, 오히려 자신의 (이기적이고) 본능적인 기쁨에 영향을 받는 듯하다.

이같은 사실은 애덤 스미스 Adam Smith, 1723~1790가 《국부론》에 쓴 유명한 말을 떠올리게 한다. "개인은 자신의 경제적 이익을 이기적으로 추구하는 사이에 '보이지 않는 손'에 이끌려, 설령 자신이 직접 의도하지 않았더라도 사회의 행복을 추구하는 방향으로 행동하게 된다."

이것은 자신의 경제적 이익을 추구하는 경우뿐만 아니라 (금전적으로 손해를 보더라도) 자신의 쾌락을 추구하려는 경우에도 적용되지 않을까?

16

마음을 읽는
게임

신경 생물학의 관점에서 본 경제 원리

우리의 뉴런 활동에는 경제적인 측면과 정치적인 측면도 있어서, 이 때문에 우리는 애덤 스미스가 생각한 것 이상으로 미래를 예측할 수 있다. 선조체가 기쁨이라는 기분을 나타내는 것은 타인을 이타적으로 벌줄 때만이 아니다. 아무런 나쁜 속셈도 없이 오로지 타인을 신뢰한다는 쾌감을 맛보고 싶어서 이웃에게 친절함을 베풀거나 도움을 줄 때도 같은 반응을 한다. 사실 다음에 살펴 볼 실험에서 사람들은 자발적으로 협력하려는 타인과 거래를 할 때 쾌감을 느꼈다. 금전적인 이익을 얻어서가 아니라 서로를 신뢰하고 신뢰에 보답하는 것 자체에서 기쁨을 발견했기 때문일 것이다.

이번 실험의 신뢰 게임은 대체로 앞의 게임과 같았다. 상세한 내용은 다루지 않지만, 중요한 점은 다음 두 가지다. 첫째는 게임이 반복된다는 것이다. 플레이어 A와 B, 즉 돈을 주는 사람과 받는 사람은 (한 번이 아니

라) 열 번에 걸쳐 돈을 주고받는다. 둘째는 fMRI 두 대를 동기화시켜 분석에 사용했다는 점이다. 즉 A와 B 양쪽의 뇌가 연결되어 분석된 것이다. 한쪽 뇌의 사인에 몇 초 후 다른 쪽 뇌의 사인이 응답하고, 이렇게 해서 움직임과 그에 대한 반응이 기록됨에 따라 (속임수에 걸려들은 뒤의 A의 반응뿐만 아니라) 신뢰와 이타주의의 사인이 있으면 쌍방의 그것을 파악할 수 있게 되었다. 양자는 거래를 반복하는 사이에 이기적이 될지 아니면 대범해질지 자신의 태도를 확립해 나가는 것이다.

콜린 캐머러 Colin Camerer와 캘리포니아 공과 대학의 동료들이 무려 48쌍의 커플을 대상으로 실시한 조사에서는 미상핵이라는 뇌의 부위가 정보를 연속적으로 포착해 기록한다는 사실이 밝혀졌다. 첫 번째 정보는 상대 플레이어가 준 금액의 공평성에 관한 정보이며, 그 후 플레이어 A의 신뢰에 대해 상대가 성실히 반응했는지 아닌지에 대한 정보가 들어왔다.

사람들은 보통 '눈에는 눈, 이에는 이'의 원칙에 따라 행동하기 때문에 협력하는 사람과는 협력하고 반목하는 사람과는 반목한다. 처음에는 협력 의사를 보이다가 나중에 태도를 바꾸는 상대를 벌하는 데는 쾌감을 느낀다. 그러나 이번 조사에서는 협력의 의사가 강하고 상대를 신용해 더 큰 금액을 돌려주려 하는 마음이 강할수록 미상핵이 더 심하게 흥분한다는 사실이 밝혀졌다. 그뿐만이 아니다. 수익자(제공자에게 돈을 돌려주는 사람)의 신뢰감은 제공자가 (보내는 돈을 늘림으로써) 협동 작업을 하겠다는 의사를 명확히 하고 상당한 시간이 지난 뒤에 만들어졌다. 그러나 그 뒤에는 이미 신뢰감이 형성되었기 때문에 상호 신뢰의 관계가 급속히 깊어졌고, 나중에는 분배 금액을 늘릴 것임을 미리 알릴 정도가 되었다. 요컨대 상대에 대한 신뢰가 커지면 상대의 신뢰에 보답하는 기쁨도 커져서 보답을 결정하기까지의 시간이 줄어드는 것이다.

여기에는 자궁 수축 호르몬인 옥시토신의 증가도 큰 역할을 한다. 이 호르몬은 강한 사회적 결속이 생겼을 때 증가한다(그 대표적인 예가 수유기의 어머니와 자식의 관계다). 신뢰 게임 도중에 이 호르몬을 측정해 보니, 플레이어가 상대를 신용해 금액을 늘리면 수익자의 옥시토신이 증가함을 알게 되었다.

타인의 신뢰에 부응한다는 말은 단순한 상투 어구가 아니다. 국가의 경제적 발전으로 이어지는 중요한 역할도 담당한다. 국민 사이에 신뢰감과 협력 관계가 강화될수록 국가가 부유해짐은 연구 결과 밝혀진 사실이다. 신뢰감에 관한 신경 생물학적 연구가 언젠가 정치적 결정에 반영될 날이 올지도 모른다. 우리의 뇌가 어떤 식으로 결정을 하는지 알면 경제 거래의 규칙을 바꿀 때도 도움이 될 터이며, 냉정하고 이기적으로 유효성만을 추구하는 사람에게 만인을 위하는 상호 협력의 이점을 가르칠 때도 효과적일 것이다.

알아야 할 것은 오직 한 가지, 상호 신뢰와 협력은 우리에게 쾌감을 가져다줄 뿐만 아니라 경제적으로도 유익하다는 사실이다. 우리의 행복은 주위 사람들의 행복이나 타인의 고락과 분리해서 생각할 수 없다. 다음에 살펴보듯이, 감정 이입과 관련해서도 뉴런은 우리에게 흥미 깊은 사실을 가르쳐 준다.

공감을 낳는 근원은 미러 뉴런

우리를 타인과 결속시키는 유대는 우리가 생각하는 것보다 강하며 뿌리도 깊다. 자신에게 이익이 되는 것만을 최대한으로 추구하는 이기주의자로서의 호모 에코노미쿠스에서는 상상도 할 수 없을 만큼 강하고 깊다. 그 결속은 우리의 뇌 속에 심어져 있다고 해도 과언이 아닐 정도다. 좀 더 정확히 말하면 이것은 놀라운 특성을 지닌 '미러 뉴런'이라는 특수한 뉴런 덕분에 만들어진다. 이 뉴런의 활동은 우리 자신이 무엇인가를 할 때도, 타인이 무엇인가를 하려는 모습을 봤을 때도 활발해진다.

미러 뉴런은 1990년대에 이탈리아의 신경학자인 자코모 리촐라티 Giacomo Rizzolatti와 파르마 대학의 동료들에게 발견되었다. 이 뉴런은 타인의 몸짓, 행동, 심리 상태를 우리의 그것과 관련지음으로써 그 의미나 의도를 인식시킨다. 이런 메커니즘이 없다면 타인의 행동을 분간할 수는 있어도 타인이 무엇을 하고 있는지, 무엇을 할 생각인지를 진정으로 알수는 없다. 이것은 가령 손으로 물건을 잡는다든가 음식을 입에 넣는 등지극히 단순한 동작에도 적용되며, 기분에 대해서도 마찬가지다.

미러 뉴런은 실험실에 만들어진 사회적 환경 속에서 원숭이가 어떤 유전적 운동을 하는지 연구하는 도중에 (어느 정도는 우연히) 발견되었다. 그곳에서는 우리 인간의 사회적 행동이나 동료와 함께 살아가는 모습을 연상시키는 광경이 펼쳐졌다. 미러 뉴런은 인간의 뇌 곳곳에 분산되어 있음이 발견되었는데, 우리가 타인의 감정적 반응을 감지하고 그것을 읽을수 있는 이유는 미러 뉴런이 몇몇 특수한 부위에 존재하기 때문임도 밝혀졌다. 타인의 감정을 읽을 때는 그 감정을 우리 자신이 체험할 때 활발해지는 바로 그 신경 세포가 활발해진다. 이것을 이해하기 위한 좋은 예가 잘 만든 영화나 연극을 볼 때 체험하는 감정 이입이다.

타인의 감정을 읽는 것에는 여러 가지 이점이 있다. 위험을 피할 수가 있고, 피해를 입을 것 같을 때는 그에 대한 방어책을 궁리할 수 있으며, 한편으로는 애정 관계를 쌓을 수도 있다. 갓 태어난 유아도 옆에 있는 어머니 등의 표정이 밝은지 어두운지를 인식해 유아다운 공감을 나타낸다.

그런데 우리의 뇌는 대체 어떤 메커니즘을 통해 타인의 예를 들어 찡그린 얼굴 같은 표정을 읽어내는 것일까? 미러 뉴런처럼 행동을 이해하기 위한 감정 해독 장치가 존재하는 것일까? 뇌에 있는 도피질에 관해서는 앞에서 다룬 바 있다. 실험이나 임상 자료에 따르면 피질의 이 영역(특히 좌반구의 전방 도피질엽)에 공통의 신경 기반이 있어서, 자신이 불쾌함을 느꼈을 때도 타인의 얼굴에 불쾌한 감정이 나타났을 때도 이 부분이 활발해진다. 이 뉴런은 카페에서 맛없는 커피를 마셨을 때도, 자신은 마시지 않았지만 그 커피를 마신 친구가 얼굴을 찡그려 맛없음을 표현할 때도 활성화된다.

또한 도피질이 손상된 환자는 불쾌감에 '공감하지' 못한다는 사실도 밝혀졌다. 한편 그 밖의 감정(분노나 공포 등)을 나타내는 얼굴 표정을 읽는 힘은 전혀 약해지지 않는다. 그뿐만이 아니다. 이 유형의 환자는 자신의 불쾌감을 느끼지도 못한다. 다만 이것은 불쾌감뿐만 아니라 다른 감정의 경우도 마찬가지일 것이다. 특히 도피질은 미러 메커니즘의 일종의 독립된 중핵인 모양이다. 얼굴 표정이라는 시각적 정보가 그곳에 전달되어 각각의 감정의 틀 안에 들어간다. 또한 도피질은 정보의 투입과 그에 대한 본능적 반응을 총괄하는 센터이기도 하다. 이것은 누군가가 구역질을 할 때를 생각해 보기만 해도 알 수 있다. 그럴 때는 이쪽도 강한 구역질을 느낀다. 어쨌든, 감정에 관해서는 그런 공감 메커니즘이 있다고 생각해도 부자연스럽지 않다. 이것은 인간관계의 기초가 되는 공감적 행동에 꼭 필요하기 때문이다.

타인의 행복한 모습을 보면 우리 자신이 행복할 때 활발해지는 뇌의 부분이 왕성하게 활동한다. 다만 그렇다고 해서 우리가 타인을 행복하게 하기 위해 행동하는 것은 아니다. 타인을 행복하게 하는 이타적인 행동이 곧 우리 자신을 행복하게 하는 (이기적인) 행동이 되는 세계는 참으로 멋진 세상일 것이다. 그러나 안타깝게도 우리와 타인의 행동이나 감정을 연결하고 그것을 이해하거나 느끼게 하는 본능적이라고 할 수 있을 정도의 공감 능력이 그대로 타인에 대한 공감으로까지 이어지지는 않는다. 가령 테니스에서 상대를 이겨 상대가 괴로워하는 정도는 아니지만 실망하는 모습을 보더라도 내가 그 기분에 공감할지 어떨지는 알 수 없다. 상대의 기분은 이해할 수 있고 본능적으로 읽을 수도 있지만, 그 정신 상태에 공감하려면 '미러' 메커니즘보다 훨씬 많은 것이 필요하다. 만약 상대가 마음에 들지 않는 사람이었다면 그 사람의 실망이나 고통을 즐길 경우도 있다. 이와 마찬가지로 불행한 사람이나 의욕을 잃은 사람이 앞에 있을 때 그 사람의 모습이나 표정에서 절망을 읽을 수는 있지만, 그 사람을 동정하기는커녕 그렇게 불행하고 불쌍한 사람의 곁에서 한시라도 빨리 멀어지고 싶어 할지도 모른다.

어쨌든 현재로서는 미러 뉴런이 타인의 기분을 읽을 가능성을 망원경으로 바라볼 수 있는 정도지만, 몇 년 후에는 그 실체가 명확히 밝혀질 것이다. 그러나 타인의 기분을 느낄 수 있다고 해서 그것이 곧 공감적 행동에 대한 욕구로 이어지지는 않는다. 자코모 리촐라티는 그가 발견한 미러 뉴런이라는 생물학적 메커니즘이 사회에 긍정적인 영향을 주려면 문화적 기반이 필요할 것이라고 말했다. 다시 말해 마태복음에 나오는 "남에게 대접 받고자 하는 대로 너희도 남을 대접하라."라는 황금률을 자신의 것으로 만들어야 한다는 뜻이다. 이 윤리적 규범이 미러 뉴런의 긍정적인 측면을 강화하면 부정적인 측면이 후퇴할지도 모른다.

그러나 어떤 윤리적 규범이 옳은지 그른지는 어떻게 결정해야 할까? 우리의 윤리적 판단의 이면에는 무엇이 숨겨져 있을까? 어떤 상황에서 취해야 할 올바른 행동을 뇌는 우리에게 어떻게 가르칠까? 그래서 다음에는 신경 윤리학을 간단히 살펴 보려고 한다. 감정과 이성 사이에서 끊임없이 벌어지는 시냅스의 게임은 놀라운 양상을 속속 드러내고 있다.

윤리적 판단과 뉴런의 역할

다음의 도덕적 딜레마를 생각해 보자. 이 문제는 많은 철학자의 흥미를 끌어 왔는데, 최근에는 신경 과학자들도 이 문제에 주목하고 있다.

그림9-1 상황 A. 차선을 변경하는 것은 올바른 결정일까?

상황 A 차선 변경. 어떤 열차가 다섯 명이 있는 방향으로 달려갔다. 이대로 가면 다섯 명은 열차에 치이고 말 것이다. 다섯 명을 구할 유일한 방법은 차선을 변경해 차량을 지선 쪽으로 유도하는 것이다. 그러나 그렇게 하면 다른 한 사람이 죽게 된다.

차선을 변경하는 것은 올바른 결정일까?

많은 사람은 "그렇다."라고 대답한다. 다섯 명을 구하기 위해 한 명을 희생하는 것은 도덕적으로 쉽게 받아들여진다.

이번에는 다른 상황을 생각해 보자.

상황 B 뚱뚱한 사람. 상황 A와 마찬가지로 폭주하는 열차가 다섯 명이

그림9-2 상황 B. 뚱뚱한 사람을 밀어서 떨어트리는 것은 올바른 결정일까?

있는 방향으로 향하고 있다. 어떻게든 하지 않으면 다섯 명은 열차에 치일 운명이다. 당신은 그 광경을 육교 위에서 보고 있는데, 지금 그 밑을 열차가 통과하려 하고 있다. 그런데 당신의 옆에 상당히 뚱뚱한 사람이 있다. 당신의 머릿속에 어떤 생각이 번뜩였다. 그 알지 못하는 사람을 밀어서 선로 위로 떨어트리면 열차는 확실히 정지할 것이고 따라서 다섯 명의 생명도 구할 수 있을 것이다. 그러나 동시에 그 뚱뚱한 사람이 죽을 것도 거의 분명하다.

옆에 있는 모르는 사람을 밀어 떨어트리는 것은 올바른 결정일까?

이 경우 대부분의 사람은 설령 다섯 명의 생명을 한 사람의 생명과 바꿀 수 있다 해도 뚱뚱한 사람을 희생시키는 것은 옳지 않다는 결론을 내린다.

이 두 문제의 답이 상충하는 이유는 대체 무엇일까? 도덕적으로 올바른 판단을 생각할 때 두 상황 사이에 어떤 차이가 있을까? 다음 내용을 읽기 전에 답을 생각해 보기 바란다.

어떤 원칙을 기준으로 삼으면 두 상황에서 우리가 취하는 행동이 정당할지를 생각하는 것은 철학자의 역할이다. 이마누엘 칸트Immanuel Kant, 1724~1804를 인용해, 누군가를 구하기 위해 다른 누군가를 수단으로 사용하는 것은 좋지 않다고 주장하는 사람도 있었다. 상황 B에서는 열차를 멈추기 위해 문자 그대로 사람을 이용한다는 적극적인 개입을 하는 것이며, 여기에서는 개인의 죽음을 수단으로 삼고 있다. 상황 A의 경우, 희생자는 개입이 일으킨 일종의 측면 효과로 죽은 것이므로 사고의 측면이 강하다.

이것은 극히 일례에 불과하며 그 밖에도 수많은 예를 생각할 수 있다. 재미있는 점은, 정당화의 이유는 둘째 치고 도덕에 관한 직감은 문화가 달라도 기본적으로 다르지 않다는 것이다. 영장류 인지신경과학연구소 소장이며 하버드 대학의 심리학자이자 생물학자인 진화론자 마크 하우저Marc D. Hauser는 자신의 연구 프로젝트에서 바로 이 점을 확인하려 했다. 그는 인터넷에 접속할 수 있는 도덕 감각 테스트를 통해 연령, 성별, 출신, 문화, 종교, 교육, 취업 경험이 다른 사람들이 옳고 그름의 판단을 어떻게 하는지, 또 그 이유는 무엇인지에 대한 대량의 데이터를 모았다. 이 테스트에 참가한 사람들은 일련의 도덕상의 딜레마를 통해 자신의 도덕 감각을 측정하게 되며, 각 딜레마의 윤리적 측면을 생각하면서 해결을 꾀해야 한다. 하우저의 데이터에 따르면 우리의 도덕적 직감은 합리적이라고는 전혀 말할 수 없으며, 교육이나 문화에 좌우되거나 사회의 진보에 영향을 받는 경우는 있지만 본질적으로는 무의식적·무의지적이라고 해도 과언이 아닐 정도였다.

여기에서 우리가 알고 싶은 점은 차선 변경의 딜레마와 뚱뚱한 사람의 딜레마를 뇌가 어떻게 해결하느냐다. 그런 의미에서 프린스턴 대학의 신경 과학자이자 철학자인 조슈아 그린 Joshua D. Greene이 제창한 대담한 가설에 관해 생각해 보자. 그린은 상황에 따라 도덕적 판단이 달라지는 것은 감정 때문이라고 말한다. 각각의 상황에 대한 도덕상의 판단에는 인지의 활동과 감정의 활동(때로는 양자의 대립)이 관여하며, 이 양자가 이번에는 뇌의 어떤 특별한 영역의 활동과 연결된다는 것이다. 뚱뚱한 사람을 육교에서 밀어 떨어뜨리는 상황은 차선 변경이라는 흔한 상황에 비하면 감정이라는 관점에서 훨씬 충격적이다. 그래서 감정에 따른 반응이 두 상황에 대한 도덕상의 판단에 차이를 만들어낸다. 어떤 일이 남의 일처럼 생각되지 않을 때 우리는 무의식적으로 원시적, 본능적이라고도 할 수 있는 반응을 한다. 이것은 그린의 주장에 따르면 진화상의 적응 때문이다. 한편 남의 일로서 거리를 두고 바라볼 수 있는 경우에는 사고방식이 좀 더 추상적이 된다. 그럴 경우 인지 작업은 비용과 리턴을 냉정하고 합리적으로 분석하며, 따라서 당연히 다섯 명이 죽는 것보다는 한 명이 죽는 편이 낫다고 판단하는 것이다.

그린의 가설이 옳은지 알기 위한 한 가지 방법은 사람들이 이런 종류의 딜레마를 푸는 동안에 자기 공명 영상을 사용해 뇌 속을 관찰하는 것이다. 즉, 상황 B가 감정의 반응과 관련된 부위의 활동을 강화시키는지 살펴 보는 것이다. 그런과 프린스턴 대학의 뇌·정신·행동 연구센터 소장인 조너선 코헨Jonathan Cohen이 이 실험을 했는데, 실제로 예상한 결과가 나왔다. 상황 B(뚱뚱한 사람)의 경우는 특히 전두엽 내측 피질의 한 부위가 활성화되었고, 상황 A(차선 변경)의 경우는 전두전야 배외측 피질의 한 부위가 활성화되었다. 이 부위에 관해서는 이미 설명했는데, 이곳은 도덕과는 상관이 없는 추상적인 딜레마나 문제를 해결할 때도 활발해진다.

그들이 발견한 것은 그것만이 아니었다. 이 딜레마에서는 감정과 이성이 사투를 벌인다는 사실도 발견한 것이다. 이것을 이해하려면 신경 조직이 불을 지피는 감정의 반응은 단시간에 직접적으로 일어난다는 사실을 알 필요가 있다. 이 반응 시간은 직감적인 뜨거운 판단이 분석적 고찰을 통해 차가워졌을 경우 필연적으로 길어진다. 예를 들면 '다섯 명이 죽기보다는 한 명이 죽는 편이 나으니 뚱뚱한 사람을 육교에서 밀어 떨어트리는 것은 도덕적으로 옳다.'라는 판단으로 넘어가는 경우다. 이 경우 그렇게 하는 것이 올바르다고 판단하는 데 소요된 시간은 옳지 않다고 판단하는 데 소요된 시간보다 길다는 사실이 실제로 확인되었다. 이유는 단순하다. 처음에는 감정이 반응해 "아니야."라고 말하지만, 그 뒤에 인지의 조정과 행위의 손익을 공리적으로 계산하는 뉴런의 부위가 활성화되어 판단을 바꾸는 것이다. 뇌가 이렇게 2단계의 조정을 할 때는 시간이 두 배 이상 길어짐이 밝혀졌다.

도덕적 선택의 기반이 되는 뉴런의 연구는 우리의 도덕적 판단에 감정이나 정서가 중요한 역할을 담당함을 밝혀냈다. 그러나 동시에 스탈린 Joseph Stalin, 1878~1953이 했다고 하는 "한 명의 죽음은 비극이지만 100만 명의 죽음은 통계다."라는 무서운 말의 의미를 생각하게 하는 결과이기도 했다.

다음에는 윤리상의 딜레마에서 돈의 딜레마로 시선을 옮겨 보자. 뉴런과 감정과 인지는 서로 손을 잡고 결코 경시할 수 없는 결정의 프로세스를 만들어낸다. 다음 장의 앞부분에 나오는 버몬트의 철도 건설을 지휘했던 유능한 25세 청년의 실화는 우리를 합리성에 관한 신경 생물학으로 이끈다.

17

이성보다 감정이
위력을 발휘하는 이유

이성의 한계

 1848년 9월 13일, 피니어스 게이지 Phineas Gage, 1823~1860 는 커다란 실수를 저질렀다. 그런데 그 실수는 그의 뇌뿐만 아니라 뇌에 대한 우리의 모든 지식에도 깊은 흔적을 남겼다. 그날 그는 바위를 폭파시키기 위해 바위 구멍에 넣은 화약을 철봉으로 다지고 있었는데, 그러다 불꽃이 튀는 바람에 화약이 그의 얼굴 앞에서 폭발했다. 이 폭발로 바위가 부서지지는 않았지만, 그 충격에 로켓처럼 튀어 오른 무게 6킬로그램, 길이 110센티미터, 지름 3센티미터의 철봉이 게이지의 왼쪽 뺨을 뚫고 전두부를 지나 정수리를 관통한 뒤 30미터 이상 날아가버렸다. 게이지는 한마디도 하지 못하고 쓰러졌지만 의식은 있었다. 그리고 정신이 들자 물을 한 잔 마시고 싶어 했다. 놀랍게도 그는 그 정도의 부상을 입었음에도 병원까지 자신의 발로 걸어갔으며 말도 할 수 있었다.

 게이지는 그 사고에서 완전히 회복된 뒤 13년이나 더 살았다. 아니, 정

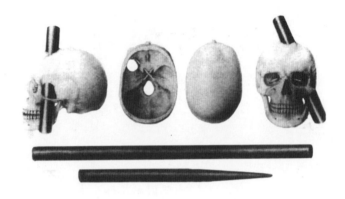

그림10 피니어스 게이지의 두개골과 그 두개골을 관통한 철봉

확히는 '거의' 완전히 회복되었다고 말해야 할 것 같다. 하지만 그는 그 사고로 왼쪽 눈을 잃었을 뿐만 아니라 그전까지의 자신과는 완전히 다른 사람이 되어버렸다. 더는 친구들이 알고 있던 예전의 친절하고 유능한 피니어스 게이지가 아니었다. 불안정하고 난폭한 사내로 바뀌어 있었다. 그의 주치의였던 할로우John Martyn Harlow, 1819~1907는 "그의 지적 능력과 동물적 경향 사이의 (중략) 균형이 무너졌다."라고 기록했다. "그는 예전의 그와 달리 침착성이 없고 건방지며 때로는 놀랄 만큼 방자해졌다. 동료를 존중하지 않고, 마음에 들지 않는 상대나 충고는 외면했으며, 혐오감을 확연히 드러내기도 했다. 한편으로는 기분에 기복이 심해서 끊임없이 요동을 쳤다. 미래에 대한 계획은 많이 세우지만, 세우는 족족 포기했다." 게이지의 두개골은 하버드 대학 의학부의 워렌 박물관에 그의 머리를 관통한 철봉과 함께 전시되어 있다. 뇌의 특수하지만 광범위한 부분과 사회적 행동 사이에 명확한 관계가 있음을 보여주는 한 사내의 불

행한 경험을 상기시키는 계기로 삼기 위해서다.

아이오와 대학의 한나 다마지오 Hanna Damasio와 하버드 대학의 앨버트 갈라부르다 Albert M. Galaburda는 당시의 사고를 재현한 3D 3차원=입체 영상을 통해 게이지의 뇌가 양반구의 전두전야 피질(정확히 말하면 그 복내측부)은 손상을 입었지만 배외측부는 손상을 피했을 것으로 추론했다. 그리고 복내측부가 손상된 '현대의' 수많은 피니어스 게이지를 관찰한 결과 많은 사실이 판명되었다. 그들은 기억력 테스트에서 정상 수치를 나타냈고 지력이나 논리적 추리력도 변함이 없었으며, 시력과 손의 움직임도 정상이었다. 그러나 일상생활에서의 결정 능력이 떨어졌고 판단력과 계획을 세우는 능력, 반성하는 능력, 사회적 논리 구성력이 쇠퇴한 결과 자신을 위한 결정에도 명백히 지장을 초래했다. 그래서 미래를 대비해 무엇인가를 배우는 것은 거의 불가능했다.

그러나 여기에서 주목해야 할 점은 복내측부 손상 환자의 결정 능력 상실이 평범한 일상생활 속에서도 그들의 행동을 엉망으로 만들 정도로 감정 활동의 저하를 동반했다는 사실이다. 풍부한 문학적 재능을 지닌 것으로 유명한 포르투갈 출신의 신경학자 안토니오 다마지오 Antonio Damasio는 종양 적출을 위해 외과 수술을 받는 과정에서 전두전야에 손상을 입은 그의 환자에 대해 이렇게 썼다.

나는 곧 엘리오트를 진찰했는데, 그의 온화함과 사람을 매료시키는 힘에 놀랐다. 그는 매우 매력적이면서 감정도 잘 억제했다. 예의바르고 빈틈이 없으며 온화했다. 가끔 빈정거리는 듯한 웃음을 희미하게 보이는 일은 있지만, 그것은 훌륭한 지성의 표현이며 어리석은 세상에 대한 가벼운 동정 같은 것이기도 했다. 냉정하고 담담하며, 반드시 좋다고만은 할 수 없는 자신의 경험을 이야기할 때도 마음이 흐트러지지 않았다. (중략) 예전의 엘리오트는 좋은 남편이자 아버지였다. 상사에 근무했으며, 형제와 직장 동료, 아니 모든 사람에게 모범적인 존재였다. (중략) 분명히 그의 지적 자질과 운동 능력, 언어 능력에 변화는 없었지만, 많은 점에서 엘리오트는 이제 예전의 엘리오트가 아니게 되었다. (중략) 그는 예정을 세울 때 도움이 되지 않았다. 어떤 일을 중단하고 다른 일을 해야 할 때도 그는 핵심 목표를 잃어버린 듯 처음에 하던 일을 그대로 계속했다. (중략) 그는 이제 통상적인 업무를 할 수 없는 상태가 되었다. (중략) 그는 쌓아 놓은 모든 것을 잘 될 리가 없는 사업에 쏟아 부었다가 본전도 건지지 못했다. 예전의 엘리오트를 아는 사람은 그가 그렇게 전망 없는 사업에 투자했다는 사실에 고개를 갸웃했다.

아내와 아이들, 친구들은 총명하고 누구보다 신중했던 그가 그런 바보 같은 행동을 한다는 사실을 이해할 수 없었고, 개중에는 그런 그를 견디지 못하는 사람도 있었다. 아내와는 이혼했고, 가족과 친구 모두가 반대한 상대와 짧은 결혼 생활을 보냈지만 또 다시 이혼했다. 일할 곳이 없었기 때문에 항상 빈둥거렸다.

안토니오 다마지오는 이 사례와 다른 여러 사례에서 환자가 손상을 입은 뇌의 부위가 감정의 도움을 바탕으로 이성이 그 결정 능력을 최고조로 발휘하기 위해 꼭 필요한 부위임을 직감했다. 그는 이렇게 말했다.

"감정이나 정서의 결함은 사회적 행동의 결함에 부수적으로 따라오는 단순한 조연이 아니라고 생각했다. 엘리오트의 냉정함을 보고 나는 그가 각각의 선택지에 개별적인 의미를 부여하지 못하고 결정해야 할 일을 전부 동등하게 바라본다고 생각하게 되었다."

이 생각이 옳다면 게이지나 엘리오트는 앞에서 본 도덕적 딜레마의 경우 어떤 선택을 할까? 뚱뚱한 사람을 육교 위에서 밀어 떨어트리는 데 부정적 반응이 나온 것은 그 결정에 감정이 심하게 반발했기 때문이었다. 그러나 전두엽 복내측부가 손상된 환자는 "그래서는 안 돼."라고 말하지 않는다. 그들의 관점에서 보면 다섯 명을 구하기 위해 뚱뚱한 사람을 육교에서 밀어 떨어트리는 것은 아무리 봐도 올바른 행동이다. 그들이 볼 때는 차선 변경이라는 흔한 선택과 뚱뚱한 사람을 희생시킨다는 궁극의 방책 사이에 아무런 차이도 없기 때문이다.

감정은 없어서는 안 될 도우미

다마지오의 직감이 옳은지 그른지 알려면 어떻게 해야 할까? 무엇보다 먼저 복내측부 손상 환자를 '정상인 사람'과 구별할 수 있는 테스트를 하면 된다. 그렇게 하면 결정의 프로세스에서 감정이 맡는 역할을 해명할 수 있다.

다마지오와 그의 동료인 안트완 베차라Antoine Bechara가 아이오와 대학에서 실험을 실시했다고 해서 '아이오와 도박 과제Iowa Gambling Task'라는 이름으로 유명해진 이 테스트의 내용은 참가자가 네 벌의 카드패에서 카드를 여러 번 뽑는 것이다. 두 벌은 상금이 적은 대신 손실도 적다. 그리고 다른 두 벌은 많은 돈을 받을 수 있지만 손실도 막대하다. 몇 번 카드를 뽑고 나면 평범한 사람은 처음의 두 벌에서 카드를 뽑는 경향이 있다. 그런데 복내측부 손상 환자는 나중의 두 벌을 선택한다.

당신도 게임에 참가한다고 보고 먼저 2,000달러를 받았다고 치자. 당신의 목적은 손실을 가급적 줄이고 이익을 최대한 많이 올리는 것이다. 당신 앞에는 A, B, C, D라는 네 벌의 카드패가 있다. 각 카드패의 구성은 똑같지 않다. 카드를 한 장 고를 때마다 이익이 들어오지만, 때로는 전혀 예상하지 못한 시점에 손해를 안기는 카드가 나오기도 한다. 그리고 당신은 게임이 언제까지 계속될지 알지 못한다(실험은 당신이 카드를 100장 뽑은 시점에 종료된다).

구체적으로 설명하도록 하겠다. A와 B에서 카드를 뽑으면 100달러, C와 D에서 카드를 뽑으면 50달러를 받는다. 그러나 개중에는 벌칙 카드도 있어서, 결국 A와 B의 더미에서는 열 장을 뽑을 때마다 합계 120달러의 손해를 보며, C와 D의 더미에서는 합계 250달러의 손해를 보게 된다. 벌칙 카드가 나오는 빈도는 카드패에 따라 다르다. A와 C에는 열 장당 다섯 장의 소액 벌칙 카드가 있고, B와 D에는 한 장뿐이지만 고액의 벌칙 카드가 있다. 여기에서 A와 B는 '나쁜' 패이고 C와 D는 '좋은' 패임을 알 수 있다. 플레이어는 벌칙 카드를 언제 뽑게 될지 알 수 없으며, 각각

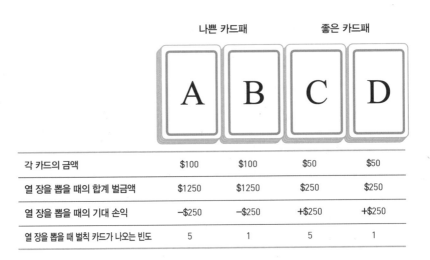

	나쁜 카드패		좋은 카드패	
	A	B	C	D
각 카드의 금액	$100	$100	$50	$50
열 장을 뽑을 때의 합계 벌금액	$1250	$1250	$250	$250
열 장을 뽑을 때의 기대 손익	−$250	−$250	+$250	+$250
열 장을 뽑을 때 벌칙 카드가 나오는 빈도	5	1	5	1

그림11 아이오와 도박 과제.
A와 B의 카드패의 경우는 수익의 측면에서 열 장마다 250달러의 손실을 보며,
C와 D의 카드패의 경우는 열 장마다 250달러의 이익을 올린다.
따라서 A와 B는 '나쁜' 카드패이며 C와 D는 '좋은' 카드패다.

의 패에서 정확히 얼마를 벌 수 있는지도 알지 못한다.

만약 여러분의 머리에 철봉이 관통해 전두엽 안와부(복내측부와 같다)에 손상을 입지 않았다면 다른 사람들처럼 처음에는 모든 패에서 카드를 뽑을 것이다. 그리고 일반적으로 40회에서 50회를 뽑은 뒤에는 좋은 패와 나쁜 패가 있음을 깨닫고 좋은 패에서 카드를 뽑게 된다. 모험을 좋아한다면 가끔은 나쁜 패에서 카드를 뽑는 경우도 있지만, 뒤로 갈수록 그 빈도는 줄어든다. 그런데 복내측부 손상 환자는 손해를 보든 말든 상관하지 않고 태연하게 A와 B라는 나쁜 패에서 카드를 뽑는다.

이 실험은 특히 '현실적'인 만큼 매우 잘 설계되었다. 플레이어는 게임

을 하는 사이에 얼마나 이익을 내고 있고 얼마나 손해를 보고 있는지 명확히 알 방법이 없다. 그리고 역시 실생활과 마찬가지로 플레이어의 지식은 외적 상황이 가져오는 (객관적) 정보와 손익 또는 리스크를 앞에 뒀을 때 내부에서 발신하는 (주관적) 정보가 바탕이 된다. 게임이 진행되는 사이에 플레이어는 어떤 카드패가 다른 카드패보다 유리함을 깨달아 간다. 이것은 각각의 진행 결과를 정확히 내다본 의식적인 예측에 앞선, 명확한 자각이 없는 무의식의 단계다. 정상적인 사람의 경우는 이 단계에서 뚜렷한 감정적 반응이 동반된다. 나쁜 패에서 카드를 뽑았을 때는 열 번을 뽑은 시점에, 자칫하면 파산할지도 모른다는 자각을 하기 전부터 이미 스트레스의 징조를 보인다. 한편 기능 장애가 있는 환자는 돈을 벌고 싶다는 마음도 똑같고 게임의 원리도 잘 알고 있으며 판돈에 대해서도 잘 알고 있지만 나쁜 패에서 카드를 뽑을 때도 매우 침착하다.

엘리오트도 이 실험에 참가했다. 이에 대해 다마지오는 이렇게 말했다. "그의 경우, 이 게임은 주목할 가치가 있었다. 그는 자신을 모험과는 어울리지 않는 신중한 사람이라고 몇 번씩이나 말했기 때문이다. (중략) 게다가 테스트가 끝났을 때 그는 어떤 패가 위험하고 어떤 패가 위험하지 않은지 알고 있었다. 그런데 수개월 뒤에 패의 조건을 바꾸고 다른 카드로 또다시 테스트를 했을 때 엘리오트는 일상생활에서도 자주 그러듯이 실패를 수없이 반복했다."

이것은 어떻게 된 일일까? 흔히 사람들은 가능성이 몇 가지 있을 때 냉정하게 판단하고 논리적으로 계산하면 여러 선택지 중에서 최선의 선택지에 자연스럽게 도달한다고 말한다. 따라서 판단의 프로세스를 엉망으로 만들지 않기 위해서는 합리적 사고에서 감정을 배제하는 것이 바람직하다고들 생각한다. 그런데 다마지오는 감정이 "위험한 결과를 낳을 것 같은 선택지를 고를 때는 조심하도록 해."라는 경고를 보내는 자연의 신호임을 보여준 것이다. 무의식적인(혹은 의식의 수면 아래에 있는) 감정은 우리를 유리한 선택으로 이끌고 잘못된 행동으로부터 멀리 떼어 놓는 작용을 한다는 말이다('소마틱 마커 가설*'이라고 한다).

전두전야 복내측부에 장애가 있는 사람은 위험의 '내적 표현'이 불가능하기 때문에 위험이 불러일으키는 '본능적 반응'을 하지 못한다. 추상적으로 어떤 선택이 옳은지는 완전히 이해할 수 있어도 그에 부응하는 내적 감각이 결여되어 있기 때문에 선택이 올바르더라도 의미가 없으며 효과적인 활동으로 연결할 힘도 없다. 선택을 의미 있게 만드는 감정이 없으면 우리는 그것을 '미래의 기억'으로 만들지 못하고 순식간에 잊어버리는 것이다.

올바른 결정도 그것을 마음속에 새기는 감정이 없으면 잊혀버리며, 따라서 과거의 경험이나 지식을 기반으로 활동하지 못한다. 감정이나 그것에 관련된 신체 세포의 활동은 효과적인 기억과 미래의 시나리오로 직

---

*소마틱 마커 가설 somatic marker hypothesis　　미국의 신경학자인 안토니오 다마지오가 전두엽 손상 환자를 연구한 결과를 바탕으로 제창한 가설. 어떤 정보를 접했을 때 심장이 두근거리거나 입이 마를 때가 있듯이, 내장계나 근육·혈관계에 반응이 일어난다. 이런 자극이 불러일으키는 신체(soma)에 관한 감정이 '직감'을 유발하며, 전두엽 복내측부가 '좋다.' 혹은 '나쁘다.'라는 필터에 걸러서 의사 결정을 효율적으로 만든다는 가설이다. 이것은 경제학자인 트버스키와 심리학자인 카너먼이 다룬 '휴리스틱'과 명백한 공통점이 있다. 이성과 감정, 뇌와 신체의 관계를 근본적으로 생각한 가설로서 주목을 받는 한편, '슬프니까 우는 것이 아니라 우니까 슬픈 것이다.'라는 감정의 신체 기원설을 제창한 제임스-랑게설의 재탕에 불과하다는 비판도 있다.

결되는 힘을 유지하기 위한 증폭 장치로서 결정의 프로세스에 없어서는 안 될 역할을 하고 있는 것이다. 요컨대 취향이나 그 근거를 확실히 자각한 냉정한 지식만으로는 올바른 행동을 하기에 부족하며, 그와 동시에 감정 같은 논리를 이어 나갈 것이 있어야 한다는 말이다. 다마지오의 말을 빌리면, "이성이라는 취약한 수단에는 특별한 도우미가 필요하다." '순수 이성'이 그 계획을 실행하려면 그것을 돕는 본능적인 메커니즘, 즉 '버팀목이 되는 신체 세포'가 필요한 것이다.

매미와 개미와 비둘기의 교훈

어떤 종류의 상황, 특히 사회생활 속에서는 합리적 행동을 할 때 감정의 무의식적인 도움이 꼭 필요하다. 그러나 감정이 오히려 해가 되어서 인지의 진행을 방해해 항상 비합리적인 결과를 낳는 경우도 있다. 감정이나 정서는 합리성에 득이 될 수도 있고 해가 될 수도 있는 것이다. 감정과 결정 내용이 서로 잘 맞물리는 것은 양자가 같은 방향을 향할 경우로 한정된다. 결정 내용과 감정이 서로 맞물리지 않으면 본능적이고 정서적인 반응이 행복의 달성을 방해할 수 있다.

그러면 유명한 우화 하나를 생각해 보자.

어느 추운 겨울날, 개미들이 물에 잠긴 밀을 말리고 있었는데 배고픈 매미 한 마리가 찾아와 음식을 조금만 나눠 달라고 말했다. 그러자 개미는 이렇게 말했다. "너는 왜 여름에 먹을 것을 준비해 놓지 않았니?" 그러자 매미가 말했다. "시간이 없었어. 노래를 불러야 했거든." 이 말을 들은 개미는 이렇게 대답했다. "여름에는 노래를 불렀다면 겨울에는 춤이나 추지 그래?"

금연이나 다이어트를 시작할 때, 혹은 노후를 위해 저축을 하려고 하거나 어떤 주식의 현재 가격과 미래의 수익을 생각할 때 우리는 이솝 우화에 나오는 매미나 개미가 된다. 매미와 닮은 사람도 있고, 개미를 닮은 사람도 있다. 이솝 우화의 교훈은 명확하다. 아니, 그 교훈은 신경 과학 덕분에 더욱 강해졌다. 매미의 행동과 개미의 행동은 우리 뇌의 다른 두 부분(특히 변연계와 전두전야 배외측 피질)을 활성화하는 것이다. 이것을 가르쳐준 학문은 동물학인데, 여기에는 비둘기가 등장한다.

그 이야기를 하기 전에, 여러분이 골초라고 가정해 보자. 많은 사람이 그러듯이 여러분도 오늘 금연을 결심했다. 이유는 당연히 담배가 건강에 해롭기 때문이다. 그런데 여러분과 함께 커피를 마시던 친구가 여러분에게 담배를 한 대 권했다. "난 됐어. 금연하기로 했거든." 여러분은 이렇게 말할 터이다. 그러나 이 말을 하려고 생각하는 동안에도 담배 냄새가 코를 찌르며 담배 한 모금의 맛도 머릿속에 떠오른다. '한 대 정도는 괜찮잖아? 금연은 내일부터 하자.'

금연을 시작한 사람의 81퍼센트가 이렇게 해서 한 달 이내에 예전의 생활로 복귀한다. 대체 어떻게 된 일일까? 경제학 이론이 가르쳐 주듯이 항상 일관되게 행동하고 더 많은 이익을 가져다주는 선택지를 골라야 하지 않을까? 간단한 테스트를 해 보자.

둘 중 하나를 선택하기 바란다.
A 당장 1,000달러를 받는다.
B 일주일 뒤에 1,100달러를 받는다.

둘 중 하나를 선택하기 바란다.
A 1년 후에 1,000달러를 받는다.
B 1년 하고 일주일 뒤에 1,100달러를 받는다.

　많은 사람이 첫 질문에는 A, 다음 질문에는 D라는 일관성이 없는 선택을 한다. 양쪽 모두 일주일을 기다리면 100달러를 더 받을 수 있다. 그러나 지금 당장의, 눈앞의 일주일은 100달러를 더 받기 위해 기다리기에는 너무 길다. 한편 1년 뒤에 받는 금액은 '할인'된 금액으로 보이기 때문에 돈을 더 받기 위해 일주일을 더 기다리는 것이 고통스럽지 않다. 모순된 결과가 나오는 이유는 어떤 이익에 부여하는 가치가 시간의 변화에 따라 달라지며, 오늘이 내일보다, 한 달 뒤보다, 1년 뒤보다 가치가 높기 때문이다.
　우리의 마음속에 매미가 있다면 행동이 어떤 식이 될지 이해하기 위해 이번에는 비둘기의 행동과 뇌를 바라보자. 가령 비둘기가 앞의 테스트와 같은 과제와 마주한다. 먼저 배고픈 비둘기를 새장에 넣는다. 새장 속에는 레버가 두 개 있다. 레버를 쪼면 새장 벽의 틈이 열리며 비둘기에게 먹이를 준다. 그리고 틈이 열려 있는 시간에 따라 나오는 먹이의 양이 달라지도록 만들어져 있다. 만약 비둘기가 레버 A를 쪼면 틈이 몇 초 동안만 열렸다가 닫히기 때문에 먹이가 조금밖에 나오지 않는다(앞의 테스트의 A에 해당한다). 한편 B를 쪼면 먹이가 나올 때까지 기다리는 시간은 길어지지만 나오는 먹이의 양은 많아진다(테스트의 B에 해당한다).

비둘기가 기다리는 시간과 먹이의 양을 어떻게 조절하는지 이해하기 위해 레버를 쫀 다음 먹이가 나올 때까지의 시간 경과를 조금씩 조정했다. 만약 A와 B를 쫀 뒤에 기다리는 시간이 같으면 (배가 고파서 초초하기는 하지만 바보는 아닌) 비둘기는 먹이의 양이 많은 레버 B를 쫀다. 그러나 레버 B를 쪼고 기다려야 하는 시간이 길어짐에 따라 - 그렇다고는 해도 몇 초이지만 - 먹이의 양이 많더라도 점점 흥미를 잃어 가며, 결국은 양은 적지만 바로 나오는 레버 A를 쪼게 된다. 우리 인간은 보수의 종류와 양에 차이는 있을지언정 비둘기보다는 참을성이 강하다고 생각되지만, 미래를 가볍게 생각하는 것은 비둘기나 다른 동물과 차이가 없다.

미래를 할인해서 생각한다는 것 자체가 비합리적은 아니다. 지금 받는 것은 확실한 것이다. 미래에는 무슨 일이 일어날지 알 수 없다. 그러나 미래를 할인해서 생각할 때는 이득의 확률을 잘 생각한 다음에 해야 한다. 이론적으로 보면 이 할인은 시간과 함께 일정하게 커진다. 그러나 실제로는 그렇지가 않다. 우리에게는 (비둘기와 마찬가지로) 과도하게 할인을 하는 습관이 있다. '적지만 지금'과 '많지만 다음'(오늘의 담배와 5년 뒤의 건강한 폐) 사이의 우선순위는 지금이 중요할 경우 역전되어버리는 것이다

('시간 선호의 역전*'이라고 한다). 이득을 지금 당장 얻을 수 있게 되면 시간 선호의 합리성이 소멸된다. 충동이나 초조함을 억누르고 훨씬 나중이지만 이익이 큰 선택지를 고르기가 불가능해지는 것이다.

비둘기의 뇌와 포유류의 뇌는 진화사적으로 볼 때 2억 8천만 년 전에 분화했다. 그러나 비둘기의 뇌를 연구한 결과 우리 뇌의 어느 곳에 주목해야 할지를 알게 되었다. 비둘기가 새장 속에서 레버를 쪼는 사이에 다음과 같은 사실을 알게 된 것이다. 그것은 바로 어떤 한 무리의 뉴런이 기다리는 시간과 이득 사이의 관계가 어떠한가에 따라 다른 행동 방식을 보인다는 사실이다. 기다리는 시간이 변하지 않는 채로 레버 B의 이득이 증가했을 때는 뉴런의 활동이 점점 활발해졌다. 반대로 이득이 일정한 상태에서 기다리는 시간이 늘어났을 때는 활동이 약해졌다. 마치 이 뉴런이 선택지를 주관적으로 평가하고 이득과 기다리는 시간 사이의 균형을 관리하는 것 같지 않은가?

물론 우리에게는 비둘기의 뇌의 선조체가 없으며, 뉴런에 전극을 심을 수도 없다. 그러나 이미징이라는 의학 기술을 사용하면 뇌의 안쪽에서 무슨 일이 일어나고 있는지 간접적으로 살펴볼 수는 있다. 실제로 이미 극초기의 연구팀이 이런 실험을 실시했다. 그 연구팀의 멤버는 프린

---

*시간 선호의 역전 reverse of time preference   '시간 선호'는 미시 경제학의 기본 개념 중 하나다. '미래의 이익'보다 '눈앞의 이익'을 선택하는 것이 반드시 합리성에 반하는 행동은 아니다. 신고전파 경제학의 권위자인 새뮤얼슨(Paul Anthony Samuelson, 1915~2009)은 '현재의 가치'는 '미래의 가치'에서 할인율을 일정한 지수 함수로 나타낼 수 있다고 말했는데, 현대인은 '현재 지향 편향'이 더욱 강하게 작용한다. '시간 선호의 역전'이란 예를 들어 여행을 가려고 할 때 출발일이 아직 많이 남아 있을 때는 이런저런 상상을 하며 즐거워하지만 막상 출발일이 가까워지면 날씨라든가 혹시 빼먹은 준비물이 없는지 걱정하는 것이다.

스턴 대학의 새뮤얼 맥클루어Samuel McClure와 조너선 코헨, 하버드 대학의 데이비드 레이브슨David Laibson, 카네기멜론 대학의 조지 로웬스타인George Loewenstein이다. 그들이 〈사이언스〉 지에 발표한 매우 흥미로운 기사를 읽으면 왜 금연이 어려운지 이해할 수 있다.

특히 주목되는 사실은 앞과 같은 선택 문제를 풀려고 하는 사이에 뇌의 내부에서 다른 두 신경 조직 사이에 경쟁이 시작된다는 것이다. 첫 번째 조직(매미라고 할 수 있다)은 선조체라는 부위의 활동이 활발해짐 따라 당장 받을 수 있는 이득에 달려들려고 한다. 이 부위는 이미 살펴봤듯이 기쁨이나 이득과 관련이 있으며, 도파민계 신경 전달 물질이 활발하게 작용하고 있다. 또 선조체와 함께 변연계 속의 전측 대상회도 활동이 활발해진다. 두 번째 조직(개미)은 합리적인 활동을 부추기고 본능적 욕구와의 조절을 꾀하며, 인간의 뇌에서만 볼 수 있는 전두전야 피질의 부위(특히 배외측부와 우측 전두엽 안와부)와 힘을 합친다.

요컨대 두 조직의 활동은 개인이 하는 행동과 깊은 관계가 있다. 변연계의 조직이 더 활발히 활동하면 당장 1,000달러를 받는 쪽을 선택할 것이다. 한편 전두전야 피질이 더 활발히 작용하면 이성이 본능적 욕구를 억제해 돈을 당장 받으려 하지 않고 기다렸다가 미래에 더 많이(일주일 뒤에 1,100달러) 받는 쪽을 선택할 것이다.

따라서 그 (마지막) 담배를 피우는 것은 지극히 자연스러운 행동이다. 그러나 적어도 어떤 상황이 되면 우리는 충동을 억누르고 합리적인 행동을 할 수 있다. 어떻게 하면 그렇게 할 수 있는지 생각하기 위해서는 플라톤의 시대까지 역사를 거슬러 올라가야 한다.

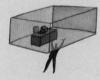

인간적인,
너무나도 인간적인 뇌

감정이 날뛴다

플라톤에게 두뇌는 말 두 마리가 끄는 가벼운 마차였다. 백마는 우아하고 말을 잘 듣는 준마이고, 흑마는 마지못해 느릿느릿 마차를 끄는 말이다. 《파이드로스》에는 다음과 같이 적혀 있다. "훌륭한 말은 선 자세가 늠름하고 목덜미가 곧으며, 매부리코에 털이 희고, 눈은 검으며, 절도와 신중함을 유지하면서 긍지가 높다. 마차를 끌게 할 때 채찍은 필요 없으며, 말로 지시를 내리는 것으로 충분하다. 또 다른 말은 이와 반대로 뚱뚱하고 자세가 비뚤어져 겉모습이 흉하며, 목은 짧고 코는 뭉개졌으며 털은 검고 회색 눈은 충혈되어 있다. 오만하고 거칠며 반항적이어서 채찍과 몽둥이를 써야 겨우 명령에 따른다."

따라서 플라톤이 생각하는 마부의 일은 '말할 수 없을 만큼 어렵고 불쾌한 것'이었다.

플라톤의 은유에 대한 유력한 해석 중 하나에 따르면, 백마는 가장 고도로 발달한 인지 능력을 나타내며 흑마는 신체와 직결된 저급한 감정을 나타낸다고 한다. 플라톤 이후의 누군가가 내놓은 설에 따르면 백마는 고작해야 작은 조랑말이어서 건강하고 거친 상대의 기세를 거역하지 못하는 것이라고 한다. 프랑스의 철학자이며 신학자였던 블레즈 파스칼 Blaise Pascal, 1623~1662도 이 설을 지지했는데, 그는 "마음에도 이성이 모르는 논리가 있다."라고 말했다. 또한 스코틀랜드의 데이비드 흄 David Hume, 1711~1776은 "이성은 언제나 감정의 노예일 뿐이다."라고 말했다.

한편 안토니오 다마지오는 (게이지와 엘리어트의 흥미로운 사례를 통해) 합리성 자체가 소마틱 마커를 통해 생성되고 조정됨을 밝혀냈다. 심장에는 이성이 신중한 선택을 하지 않을 때 의지해야 할 도리가 있다는 것이다. 백마는 그저 작은 조랑말일 뿐이다. 흑마의 도움이 없으면 자신의 역할을 다하지도 못한다. 그러나 우리는 일상의 경제와 관련된 많은 상황에서 감정이 결정의 프로세스를 왜곡시키기도 하기 때문에 조랑말에게도 어느 정도는 자율권을 부여하는 편이 좋음을 알고 있다.

이성과 감정의 끊임없는 줄다리기 속에서의 합리성과 관련된 섬세한 신경 생물학적 작용은 아직 많은 부분이 수수께끼에 싸여 있다. 그러나 은유만으로 만족하고 싶지 않다면 최근의 발견에 주목할 필요가 있다. 아직 모르는 부분은 많지만, 몇 가지는 판명되었다. 이것을 실마리로 삼으면 경제상의 행동을 새롭게 조명할 수 있다. 이렇게 해서 탄생한 것이 '신경 경제학*'으로, 이것은 '두뇌의 경제학(수학적, 경제학적 모델에서의 뉴런의 기능을 해명)'일 뿐만 아니라 신경 생물학의 관점에서 바라본 우리의 행동에 대한 이론에서 출발해 경제상의 선택의 이론을 만들어내려는 시도이기도 하다.

우리의 자율 신경계는 편도체가 있는 변연계 속의 제어 중추와 뇌간·척수의 중추에서 신체의 내장계와 혈관계 등으로 뻗어 있는 두 신경(교감 신경과 부교감 신경)으로 구성되어 있다. 심장, 폐, 장, 생식 기관, 넓은 범위에 퍼져 있는 피부가 자율 신경계에 응답하는 것이다. 진화의 관점에서 보면 뇌의 이런 부분은 좀 더 하등한 생물의 뇌에서 경제학을 제어하는 부위와 똑같다고 할 수 있을 듯하다.

자율 신경계는 어떤 특정한 감정이 신체의 생리학적 파라미터의 수정에 어떤 식으로 개입하는지를 이해하기 위한 열쇠가 되는 듯하다. 그러나 이것을 이해하려면 '무의식의' 프로세스와 '관리하는' 프로세스의 사이, 그리고 정서와 인지(쉽게 말해 감정과 이성) 사이의 구별이 중요하다. 우리 뇌의 대부분은 무의식의 프로세스를 지원하도록 만들어져 있다. 무의식의 프로세스는 (깊게 생각하지 않는) 태만 방식이라고도 부를 만한 것이기 때문에 작업은 그만큼 빠르고 효율도 좋다. 그리고 고도로 세분화되어 있기는 하지만 유연성이 부족한 탓에 의식을 통해 관리하기가 어렵다. 이 프로세스는 경제적이기는 한데, 이것은 노력이나 고생이라는 비

---

*신경 경제학 neuroeconomics　눈부시게 발전하고 있는 뇌신경학과 경제학이 융합한 새로운 경제학이 '신경 경제학'이다. 대니얼 카너먼이 '행동 경제학'으로 노벨 경제학상을 수상한 2002년부터 점차 언론에서도 주목하게 되었다. PET나 fMRI 같은 뇌의 영상 기술을 구사해 사람이 어떤 행동이나 선택을 할 때 뇌의 어떤 부위가 활동하는지 조사함으로써 합리적 판단이 작용했는지, 아니면 감정이 작용했는지 살필 수가 있다. 혹은 뇌 속의 호르몬이 인간의 행동에 어떤 영향을 끼치는지 조사한다. 구체적으로는 소비 행동이나 투표 행동, 텔레비전 광고를 봤을 때의 뇌의 활동을 조사하고 있다. 현재는 '행동 경제학'에서 다뤄 온 다양한 행동이 연구 대상이지만, 향후의 방향은 아직 보이지 않는 부분이 많다.

용이 거의 들지 않는다는 의미에서다.

이와는 반대로 관리하는 프로세스는 의식을 통해 활성화된다. 연속해서 작업을 하고, 작업은 느리지만 유연성이 있다. 자기 분석을 통해 접근할 수 있으며, 명확히 파악할 수도 있다. 한 발 한 발 논리적인 프로세스를 거치고, 노력이 필요하며, 작업은 활발히 기억된다.

우리의 일상적인 활동은 두 프로세스의 상호작용이 만들어내는 것으로, 두 프로세스는 한계는 있지만 뇌 속에서의 활동 부위를 특정함으로써 구별할 수 있다. 우리의 뇌를 구성하는 뉴런 네트워크 전체에서 어떤 결정을 할 때의 섬세한 인지 프로세스를 그림으로 나타내는 것은 쉬운 일이 아니다. 그러나 뇌 이미징 기술은 다양한 유형의 인지 프로세스에 특정한 뉴런 영역이 관여하는 모습을 생생하게 보여준다. 당연히 매우 손이 많이 가는 작업이기는 하지만.

인간의 뇌의 기능에 관해 이야기한다는 것은 수백억 개나 되는 뉴런의 복잡한 현미경적 회로에 대해 추론한다는 것이다. 뉴런끼리는 백억 개의 시냅스를 통해 뉴런 회로를 형성하며, 그 길이를 더하면 수십만 킬로미터에 이른다. 인간의 뇌의 활동은 아마도 뉴런 네트워크의 종합적인 상호작용을 바탕으로 하고 있는 것으로 보이는데, 그 전체적인 구조는 아직 파악되지 않고 있다. 숲은 아직 보이지 않지만 나무들(혹은 가지?)의 집단은 일부 발견되었다. '뇌의 지도' 혹은 '뇌의 지리'를 이야기할 때는 이 점을 염두에 둬야 한다. 지도를 그리고 그 안에 있는 부위에 어떤 역할을 부여하려 해도 뇌의 어떤 활동, 혹은 어떤 인지 작업을 어느 하나의 뉴런 집단의 활동으로 돌리기는 무리가 있다고 생각해야 하는 것이다.

그러나 무의식의 프로세스에 주로 하부 피질과 후부 피질의 영역이 관여한다는 점에 관해서는 의견 합의가 형성되어 있다. 특히 정서는 변연계와 연결된 구조(플라톤의 흑마?)가 관여한다. 변연계에는 정서에 따른 기억이나 공포 반응에 관여하는 부위(편도체), 이득을 관리하는 부위(선조체), 행동의 감정과 동기에 관여하고 기억의 프로세스에도 관여하는 다른 신경 중핵(도피질, 해마, 중격핵, 시상, 전측 대상화 등)도 있다.

문제를 해결하고 전략을 세우며 전략의 이후를 추적하는 등의 작업에 관여하는 '관리하는 프로세스'는 특히 전두전야 피질의 전부前部와 배외측부의 활성화로 이어지며, 일부는 두정엽 후부 피질의 활성화로도 이어진다. 전두전야는 '오케스트라의 지휘자'의 역할을 하며, 뇌의 거의 모든 부분에서 오는 정보를 받아들여 정리한다. 이것은 원래 세련된 신피질 중에서도 가장 우수한 부분(플라톤의 백마?)으로, 계통 발생적으로는 가장 새롭고 진화의 과정에서 가장 부피가 늘어난 부분이다 그림12 참조.

만약 우리의 뇌가 전두전야 피질만으로 구성되어 있어서 어떤 결정을 할 때 숙고만 한다면 이른바 신고전주의적인 경제 모델이 우리의 활동을 훌륭하게 표현했을지도 모른다. 그러나 만약 그랬다면 우리는 평범한 인간이라기보다 '스타트랙'의 스폭 박사처럼 매우 합리적인 냉혈 생물이었을 것이다.

실상은 텔레비전 드라마나 영화와는 다르다. 우리는 화성인이 아니라 '인간적인, 너무나도 인간적인' 생물이다. 숙고형 인지 프로세스와 병행해 이 책의 앞머리에서 이야기한 '휴리스틱'과 머릿속의 지름길로 구성되는 '무의식의 인지'가 있다. 그래서 무의식의 프로세스가 있으며, 여기

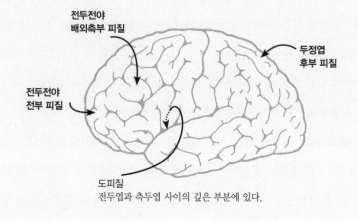

측면도

전두전야
배외측부 피질

두정엽
후부 피질

전두전야
전부 피질

도피질
전두엽과 측두엽 사이의 깊은 부분에 있다.

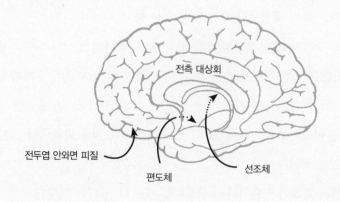

단면도

전측 대상회

전두엽 안와면 피질

편도체

선조체

그림12 '경제' 활동을 하는 뇌의 부위.
굵은 활자를 사용한 부분은 수준이 높은 인지 프로세스에 관여하는 부위다.
일반 활자를 사용한 부분은 감정 상태에 관여하는 부위다. 결정을 할 때는 이 두 부위가 활동한다.

에는 분노와 공포, 질투, 선망 같은 감정뿐만 아니라 슬픔, 기쁨, 배고픔, 목마름, 성욕이 있고, 모험, 마약, 업무 등에 대한 제어하기 어려운 강렬한 욕구도 있다. 따라서 우리의 평소의 결정은 무의식의 프로세스와 숙고형 프로세스, 정서와 인지 사이의 끊임없는 줄다리기의 결과다. 경우에 따라서는 스폭 박사의 경제학과는 반대로 줄다리기의 여지조차 없을 때도 있다. 감정이 신피질을 거치지 않고 신경 속의 우선 부위를 재빨리 지나가버리는 일조차 있기 때문이다.

쥐의 편도체와 신피질의 관계를 연구하던 조지프 르두 Joseph LeDoux는 자신의 저서에서 그 사실을 밝혀냈다. 쥐는 다른 많은 동물과 마찬가지로 감각이 파악한 것을 의식적으로 조작할 여유를 신피질에 주기 전에 감정적 반응을 보인다는 사실이 관찰되었다. 요컨대 위험을 감지해 공포를 느껴야 함을 알기 전에 이미 반응을 한 것이다. 대응해야 할 특수한 자극을 앞에 뒀을 때의 이 재빠른 반응은 뉴런의 회로 안에 심어져 있다. 르두는 실제로 쥐의 경우 갓 들어온 정보를 해독하는 부위인 시상이 편도체와 직접 연결되어 있음을 발견했다. 편도체는 그 정보에 공포라는 일종의 감정의 딱지를 붙인다. 이를 위해 정보가 좀 더 복잡하고 냉정한 판단을 하는 신피질을 반드시 통과할 필요는 없는 것이다.

그러나 많은 경우 우리 인간의 행동은 정서와 인지의 메커니즘의 상호 작용을 통해, 또 그에 대응하는 뇌 부위의 시냅스의 줄다리기를 통해 방향이 정해진다. 어떤 경우에는 감정이 결정의 프로세스에서 힘을 발휘한다. 게이지와 엘리오트의 예가 이것을 잘 보여준다. 적절한 결정을 하려면 어떻게 해야 할지를 아는 것만으로는 불충분하며, 신체가 그것을 느낄 필요가 있는 것이다. 그러나 또 다른 경우, 예를 들어 돈을 쓰거나 노후를 위해 저축을 하거나 포테이토칩을 한 봉지 먹거나 몇 년 뒤의 동맥 상태를 걱정할 경우 정서와 인지는 반대 방향으로 향하려 한다. 우리의 일종의 신경 회로 프로그램에 따르면 사고와 감정이 대립할 때 종종 감정이 우위에 선다.

신경 경제학의 관점에서 바라본 일반 상식

신경 경제학은 여러 가지 재미있는 사실을 가르쳐 주는데, 그중 몇 가지는 지금까지의 상식을 위협한다. 예를 들어 우리는 보통 돈의 가치는 그 돈으로 살 수 있는 것에 따라 결정된다고 생각한다. 즉, 돈으로 그것을 손에 넣었을 때의 기쁨의 정도에 따라 결정된다는 말이다. 그러나 신경 생리학의 관점에서 바라보면 그렇지가 않다. 돈은 그 자체가 기쁨이 되는 것이다. 실제로 돈이 선조체의 하부 피질을 활발하게 만드는 '기쁨의 도파민계 회로'는 음식이나 마약(특히 코카인)에 흥분할 경우와 차이가 없으며, 그 자리에서 즉시 만족감을 주는 종류의 것이다(이미 부자인 사람도 마약 중독과 같은 중독 상태, 이른바 워커홀릭이 되어버리는 이유가 여기에 있다).

돈이 그 자체로 기쁨이라면 지폐를 포기하는 것은 고통스러운 일임에 틀림없다. 안 그렇다면 왜 신용카드라는 플라스틱 돈을 사용하거나, 인터넷 요금을 카드로 결제하거나, 비용이 전부 포함된 패키지 투어를 선택하거나, 그 밖에 현금 결제의 고통을 없애 주는 시스템을 사용하겠는가? 지갑을 열어서 지폐를 한 장 한 장 센 다음 그 지폐들과 이별할 때의 괴로움은 화려한 플라스틱 카드를 내밀 때의 고통과는 비교할 수 없이 큰 것이다.

뉴런의 활동을 관찰하면 알 수 있지만, 선조체는 돈에 대해 직접적으로 반응할 뿐만 아니라 돈을 벌 것 같다는 생각만으로도 반응한다. 게다가 그 반응은 금액에 비례한다! 금액이 많을수록 그 부위의 뉴런도 그만큼 심하게 흥분한다. 그러나 손해를 볼 것 같다는 예측에는 반응하지 않는다. 이 경우에 흥분하는 것은 전혀 다른 부위로, 공포나 위험의 신호에 반응하는 편도체. 이 책의 독자 여러분은 이미 알고 있듯이, 우리가 이익이나 손실에 부여하는 가치가 항상 일정하지는 않다. 이것은 뇌에서도 관찰할 수 있다.

또한 돈에서 얻는 직접적인 기쁨은 그 돈을 획득하는 방법과도 관계가 있다. 자기 공명 영상을 이용한 조사에 따르면 금액이 같을 경우 복권에 당첨되었거나 누군가에게 받았을 때보다 자신의 힘으로 벌었을 때 이득과 관련된 뇌의 부위가 더욱 활발해진다. 모두가 아는 사실이지만, 고생해서 손에 넣은 것은 커다란 만족감을 준다. 뇌도 그 점을 알고 있어서, 돈의 가치는 그것을 어떻게 손에 넣었느냐에 따라 달라진다고 생각한다. 이 책의 앞부분에서 이야기한 머리가 하는 계산을 떠올려 보기 바란다. 계산은 두뇌의 경제학에 따라서 이루어진다.

리스크와 관련된 감정의 신경 생물학적 관찰에는 또 한 가지 흥미로운 사실이 있다. 감정은 리스크와 마주할 때 항상 정해진 움직임을 보인다. 예를 들어 분노나 분개는 위험에 맞서는 기분을 불러일으키며, 공포심을 움츠러들게 한다. 반대로 슬픔이나 우울함은 우리를 더욱 사려 깊게 만든다. 위험을 파악하는 힘이 강해지고 리스크에 대한 혐오감이 커지며 선택이 신중해진다. 공포도 리스크로부터 우리를 지켜 준다. 공포는 편도체와 관계가 있는 감정이다. 이 부위는 외부에서 오는 위험 신호를 끊임없이 필터링하고 무의식의 프로세스를 활성화시켜 응답한다. 그러나 신피질에서의 지시도 있어서, 그 지시가 무의식의 반응을 강화하거나 수정하기도 한다. 편도체는 감정의 기억에 대한 일종의 보관소라고 할 수 있다. 만약 이 부위가 뇌의 다른 부위로부터 절개되어버리면 사건의 감정적 의미를 파악하지 못하게 된다. 편도체가 없으면 우리의 감정은 활동하지 않는다. 동물에게서 이 부위를 제거하면 분노도 공포도 느끼지 않게 된다.

편도체는 감정과 인지를 구분한다는 특권적 지위를 차지하고 있기 때문에 많은 실험에서 주역을 담당한다. 이미 살펴본 조지프 르두의 실험은 그중에서도 우수한 실험 중 하나다. 그는 소리를 이용해 쥐에게 공포에 대한 '조건화'를 시도했다. 소리를 낸 뒤 조금 뒤에 고통스러운 전기 충격을 가하는 조작을 반복한 것이다. 그러자 얼마 후 소리와 전기 충격이 연결되어, 쥐는 소리가 들리기만 해도 즉시 펄쩍 뛰며 공포를 나타냈다. 그러나 그 후의 단계에서 쥐에게 같은 소리를 여러 번 들려주면서도 전기 충격을 주지 않기를 반복하자 이윽고 조건화가 소멸되었다. 이 두 번째 단계에서의 재빠른 학습에 관해서는 두 가지 해석이 있다. 첫째는 편도체 속에서 소리와 고통이 관련된 기억이 소실되었다는 해석이고, 둘째는 신피질이 새로운 상황에 적응한 반응을 덧씌움으로써 조건화에 따른 반응을 수정했다는 해석이다.

이 두 가지 해석 가운데 어느 쪽이 옳은지 알기 위해서는 편도체와 신피질의, 즉 무의식의 프로세스와 조절 가능 프로세스 사이의 관계를 생각해 보면 된다. 답을 얻기 위해 먼저 공포에 대한 조건화를 하고 이어서 소리와 전기 충격의 관계를 소멸시킨 다음 쥐의 뇌에 직접 메스를 대 편도체와 신피질 사이의 뉴런의 결합을 끊었다. 그러자 결합이 끊어진 쥐는 소리를 들었을 때 또다시 펄쩍 뛰며 공포의 반응을 보였다. 따라서 소리와 공포의 관계는 편도체의 '기억'에서 완전히 사라지지 않았으며, 단지 신피질의 개입을 통해 억압되었을 뿐인 것으로 생각된다. 인간의 경우는 편도체의 신피질의 결합이 그에 대응하는 뉴런의 회로를 경유하는 것으로 생각된다. 인간의 경우도 단순하고 직접적인 감정은 머리가 그 감정을 의식하기 전에 몸이 먼저 느낀다.

편도체는 그 밖에도 위험한 상황이나 불확실한 상황 속에서 선택을 할 때 커다란 역할을 담당한다. 판돈이 명확히 제시되어 있는 게임에서는 이득에 반응하는 후부 선조체가 활성화된다는 사실이 실험을 통해 밝혀졌다. 그러나 같은 게임이라도 돈을 딸 수 있을지 알 수 없거나 모호할 경우에 활성화되는 것은 편도체였다. 편도체는 우리의 힘으로는 통제가 불가능하다고 느끼는 사건을 이해할 때도 힘을 빌려 준다. 예를 들어 광우병이나 조류 인플루엔자, 비행기 사고, 테러 공격 등의 경우 편도체는 냉정한 통계 데이터가 제시하는 것 이상의 위험을 느끼게 한다.

광고의 메시지는 뇌의 '최적 부위'를 활성화하도록 궁리되어 있다. 이 경우의 최적 부위는 만족감과 공감의 영역, 즉 선조체와 전두엽 안와부 피질, 그리고 미러 뉴런이다. 잠시 쥐의 실험으로 돌아가 보자. 쥐의 조건화는 소리와 공포의 경우에만 가능한 것이 아니다. 예를 들어 음식 같은 기쁨의 자극도 조건화할 수 있다. 인간도 조건화가 가능하며, 광고 등의 목적은 여기에 있다. 광고를 효과적으로 만들려면 일체화와 이득을 관리하는 부위를 자극하고 그것을 광고하고자 하는 상품과 연결시켜야 한다. 만약 광고를 보고 있는 사람의 뇌를 자기 공명 영상으로 살펴볼 수 있다면 뇌의 그 부분이 실제로 활성화되고 있는지, 광고가 그 목적을 달성하고 있는지 밝혀낼 수 있다. 캘리포니아 대학의 신경 정신 의학자인 마르코 야코보니Marco Iacoboni는 슈퍼볼의 경기 종반에 이와 비슷한 실험을 했다. 슈퍼볼은 중계를 보기 위해 텔레비전 앞에 앉은 수많은 사람을 매료시키는데, 하프타임에는 경기 못지않게 치열한 광고 전쟁이 펼쳐진다. 몇 명의 피실험자가 기능적 자기 공명 영상 장치에 누워서 처음으로 전파를 탄 엄청난 제작비의 광고를 보고 있는 사이에 과학자들은 그들의 뇌 속에서 일어나고 있는 일을 최초로 관찰했다. 그리고 학자들은 뇌가 '말하는' 것과 그 뇌의 소유자가 말하는 것은 같지 않음을 깨달았다. 특히 인상적이었던 점은, 어떤 광고는 평판이 나빴지만 효과가 있었고, 다른 광고는 평판은 좋았지만 효과는 전혀 없었다는 사실이다. 겉으로 드러나는 판단에는 사회로부터의 압력이 반영되기 때문에 누구나 '올바른' 자세를 취하고 싶어 한다. 그래서 많은 여성은 가령 휴대 전화 광고가 구매 의욕을 억지로 끌어내기 위해 유명 모델을 동원했다며 그 광고를 낮게 평가했다. 그러나 그 여성들의 머릿속이 보인 반응은 전혀 달랐다. 여성의 상상력을 자극하는 그 광고는 (무의식적으로, 의사와 반대로) 공감과 일체화에 관여하는 부위를 활성화시켰다. 한편 감동적인 스토리로 도덕 감각을 기분 좋게 자극하며 정신없이 몰두하게 만든 광고가 자연스럽게 그 상품을 사고 싶어지게 만드는 기쁨과 공감의 영역을 전혀 활성화시키지 못한 경우도 있었다.

뉴런이 만들어내는 플라시보 효과와 프레이밍 효과

건초 1킬로그램과 납 1킬로그램은 무엇이 더 무거울까? 캐시미어 80퍼센트와 혼방 20퍼센트의 스웨터는 어느 것이 더 좋을까? 95퍼센트의 무지방 요구르트와 지방분 5퍼센트의 요구르트 중 어느 쪽을 선택할까? 50달러를 받으면 20달러를 자신이 가지는 것과 30달러를 돌려주는 것은 어느 쪽이 더 이익일까?

이것은 전부 똑같은 내용이다. 그러나 마케팅이나 광고 전문가들은 잘 알고 있듯이, 선택지를 어떻게 표현하느냐에 따라 선택이 적지 않게 변화한다. 이 프레이밍 효과에 관해서는 Prat 2에서 이미 다룬 바 있다.

그런데 미디어에 단련된 사람은 광고의 달콤한 말에 속지 않고 합리적으로 행동하게 되었을까? 이에 관해 명확한 결과를 이끌어낸 실험은 아직 없다. 그러나 최근의 조사에 따르면 이 훈련은 두뇌에 커다란 효과를 만들어내며, 감정과 인지의 부위가 받는 정보를 평가하고 통합할 수 있

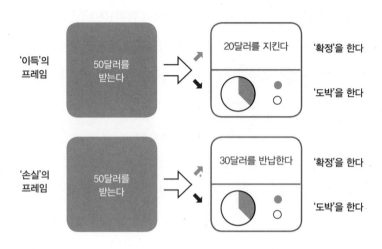

고박에 승리하면 ●는 50달러 전액을 지킨다
고박에 패배하면 ○는 50달러 전액을 잃는다

'이득'의 프레임 → 50달러를 받는다 → 20달러를 지킨다 '확정'을 한다 / '도박'을 한다

'손실'의 프레임 → 50달러를 받는다 → 30달러를 반납한다 '확정'을 한다 / '도박'을 한다

그림13 프레이밍 효과 게임

는 수준까지 이르게 된다고 한다. 이것을 암시하는 것 중 하나가 유니버시티 칼리지 런던의 베네디토 드 마르티노Benedetto De Martino와 레이먼드 돌란Raymond J. Dolan이 프레이밍 효과를 연구할 목적으로 실시했던 실험이다. 이 실험에서 기본이 된 것은 효과와 그와 관련된 신체 기능을 파악하기 위해 고안된 게임이었다. 실험에는 학생 20명이 참가했으며, 그들의 뇌의 활동을 기능적 자기 공명 영상으로 관찰했다. 참가자들은 처음에 50달러를 받은 다음 일련의 선택을 하도록 요구받았다. 각각의 선택지는 두 가지였다. 하나는 '확정'시키는 것(돈의 일부를 수중에 남기거나 잃는 것)이며, 또 하나는 '도박'(돈을 전부 지키거나 잃을 확률을 X로 나타낸다)이다. 주의해야 할 점은 '확정'이라는 선택지에 각각 두 가지 표현 방식이

258   **경제는 감정으로 움직인다**

있다는 것이다. 한쪽은 수중에 남기는 금액(가령 50달러 중 20달러를 수중에 남긴다)으로 프레이밍되었고, 다른 한쪽은 잃는 금액(가령 50달러 중 30달러를 잃는다)으로 프레이밍되었다. 도박의 경우 선택지의 표현 방식은 일정했으며, 전부 지키느냐 잃느냐의 확률이 도표로 표시되었다 이 예에서는 50달러 전액을 지킬 확률이 40퍼센트, 전액을 잃을 확률이 60퍼센트다. 그림13 참조.

이 실험에서 판명된 사실은 개인의 행동과 뇌 속의 어떤 영역의 활성화 사이에 흥미 깊은 관계가 있다는 것이다. 특히 주목받은 점은 모든 피실험자의 편도체가 심하게 흥분한 것이다. 그중에서도 프레이밍 효과의 영향을 제대로 받은 사람들의 편도체가 심하게 흥분했다. 즉 선택지가 수중에 남기는 금액(가령 50달러 중 20달러를 수중에 남긴다)으로 표시되었을 때는 확정이라는 선택지를 선택한 사람들, 그리고 선택지가 잃는 금액(50달러 중 30달러를 반납한다)으로 표시되었을 때는 도박이라는 선택지를 선택한 사람들이다. 한편 전두전야 피질(내측부와 안와부도)의 활성화와 합리적 선택 사이에는 깊은 상관관계가 있음을 알았다. 이 부위가 활성화되었다는 것은 그 사람이 프레이밍 효과를 무력화시키고 이치에 맞는 선택을 했다는 의미다. 또 주목해야 할 점은 참가자 중 몇 명이 실험 후에 "비합리적인 선택이라는 것은 알았지만 어쩔 수 없었다."고 밝힌 것이다. 합리적 행동을 한 사람도 편도체의 활성화는 명백히 보였지만, 그 사람들은 감정의 메시지를 관리하거나 적절히 덧씌우는 법을 익히고 있었다.

여기에서도 실험 결과는 그전까지 생각했던 것과는 다른 합리성의 이해 방식을 가르쳐 준다. 즉, 합리성과 감정은 대립하는 것이 아니라 서로 협력한다는 사실이다. 따라서 합리적인 사람은 감정이 없는 사람이 아니라 감정을 조절하는 방법을 잘 아는 사람이다.

그러나 고도의 인지 기능과 변연계 사이의 두드러진 상호 작용에 관해서는 또 다른 연구가 부각되었다. 플라시보 효과의 기반이 되는 뉴런의 연구가 그것이다. 플라시보 효과란 어떤 약에 놀라운 효과가 있다는 말을 들었을 때 일어나는 현상으로, 이 현상은 약 대신 맹물이나 각설탕_{위약=플라시보}을 먹었을 때도 나타난다. 컬럼비아 대학 인지 정서 관리 연구소의 토 웨저 Tor Wager가 실시한 실험에서는 참가자의 팔에 크림을 바른 다음 고통을 동반하는 전기 충격을 줬다. 이때 몇 명에게는 크림이 통증을 줄여 주는 진통제 신약이라고 말하고 다른 몇 명에게는 크림이 피부의 전도성을 높이기 때문에 전기 충격의 고통이 더 커진다고 말했는데, 사실 참가자의 팔에 바른 것은 전부 같은 크림이며 아무런 효용도 없는 위약이었다. 그리고 참가자의 뇌를 기능적 자기 공명 영상으로 스캐닝했다. 그 결과 참가자 중 약 3분의 1이 플라시보 효과를 보였으며, 고통에 반응하는 뇌의 부위(특히 도피질, 시상, 전측 대상회)의 활동이 눈에 띄게 약해졌다. 이것은 충분히 예상된 결과였다. 3분의 1은 플라시보 연구에서 발견되는 전형적인 비율이었기 때문이다. 그보다 더 주목해야 할 점은 팔에 진통제 크림이라고 속인 위약을 발랐을 경우 전기 충격을 받기 직전에 뇌에서 무슨 일이 일어났느냐였다. 다가오는 충격에 대한 경보가 머릿속에서 울린 뒤 짧은 시간 사이에 전두전야 피질의 다양한 부위가 활성화되어 고통에 반응하려고 하는 부위(도피질, 시상, 전측 대상회)의 활동을 약화시키는 (긍정적인 의미에서의) 상관적 작용을 한 것이다. 다시 말해 전두전야 피질이 심하게 흥분해서 고통을 받는 부위의 활동, 즉 감수성을 강화하는 활동이 약해진 것이다. 따라서 적어도 몇 명의 경우에는 전두전야 피질이 감정의 신호를 관리했을 뿐만 아니라 (드 마르티노와 돌란의 실험에서 봤듯이) 덧씌우기도 한 것으로 보인다. 다만 그렇다고 해서 우리 신체의 가장 오래된 기능인 고통에 대한 본능적 반응까지 제어할 수 있었던 것은 아니다.

요컨대 합리적인 사람은 자신의 감정의 제어와 인지 프로세스를 머릿속에서 더욱 정확하고 정교하게 파악할 수 있는 사람이다. 그 사람의 전두전야 피질은 정보를 통합하고 관리하며 상황에 따라 적용할 수도 있다. 결정의 기반이 되는 뉴런의 연구는 이것을 증명했으며, 카너먼이 말했듯이 "이만큼 기분 좋은 결과도 없다".

경제학에서 밝혀진
새로운 진실

감정 시스템과 이성 시스템

이제 남은 것은 인지의 프로세스에서 뉴런이 맡은 역할과 그 실험에 대한 고찰을 더욱 진행해 특히 신경이 쓰이는 마지막 문제를 푸는 일이다. 왜 우리는 일상 속에서 경제상의 선택을 할 때 엉뚱한 선택만 하는 것일까? 우리가 저지르는 오류의 성격에 관해 뇌의 활동은 무엇을 가르쳐 줄까? 답은 우리의 손이 닿을 만큼 가까운 곳에 있다.

이미 살펴 봤듯이, 정보의 조작과 결정의 프로세스에 관여하는 것은 감정과 이성이다. 여기에서는 좀 더 파고들어서 직감과 이성에 호응하는 두 가지 두드러진 시스템에 관해 생각해 보도록 하자. 카너먼을 따라서 편의상 그 시스템을 시스템 1과 시스템 2라고 부르겠다. 이것은 대체로 무의식의 프로세스(지각과 정서에 관여한다)와 조정되는 프로세스(합리적인 인지에 관여한다)의 구별에 대응한다. 그러나 그 밖에도 재미있는 측면이 더 있으니 그것을 지금부터 살펴 보도록 하자(시스템 1과 시스템 2의 신경학적 상관관계와 뇌 속의 정확한 분포에 대해서는 아직 조심스럽게 받아들이는 편이 좋다).

여러분이 지금 수학 수업을 받고 있다고 가정하자. 먼저 시스템 1이 몸짓과 표정을 통해 교사를 아무런 어려움 없이 즉시 인식한다. 그런데 교사가 칠판에 다음과 같은 문제를 적고 여러분에게 풀라고 말했다면 시스템 2를 가동시켜 집중력을 높이고 지금까지 배운 규칙을 머릿속에 떠올리면서 지력을 짜내야 한다. 답은 아무런 노력도 없이 튀어나오지 않는다. 지력과 주의력을 구사해야 얻을 수 있다.

$$\lim_{x \to 8} \frac{1}{x-8} = \infty$$

그러나 교사는 이 유형의 식과 그 답을 몇 가지 보여준 다음 학생이 정말로 이해했는지 확인하고 싶어질지도 모른다. 그래서 이번에는 다음과 같은 식을 적는다.

$$\lim_{x \to 5} \frac{1}{x-5} = 5$$

이 예는 실제 문제라기보다 우스갯소리로 보일지 모른다(∞는 8을 옆으로 누인 것이 아니라 무한대를 의미한다!). 그러나 이것은 지금부터 두 시스템의 이야기를 하기에 적절한 예라고 생각한다.

시스템 1(직감)의 조작은 빠르고, 무의식적이며, 대략적이고, 연상을 구사하며, 조정도 수정도 되지 않는다.

시스템 2(추론)의 작업은 반대로 느리고 순서를 따르며, 의사를 통해 제어되고, 습득 가능한 규칙에 따라 잠재적으로 관리된다(예를 들어 수학, 확률 계산, 공식적 논리, 집합 이론, 비용과 리턴의 분석, 공리성의 최대화 등).

이 두 시스템 사이에 엄밀한 구별은 없다. 처음에는 분석력이나 집중력이 필요하지만, 점차 무의식적으로 작업을 할 수 있게 되어 시스템 2에서 시스템 1로 이행된다. 당신도 두뇌의 반응성과 유연성을 알기 위한 테스트를 이용해 두 시스템의 힘을 시험해 보면 어떨까? 이것은 1930년대부터 이미 알려진 테스트로, 발명자인 존 리들리 스트루프 John Ridley Stroop, 1897~1973의 이름을 타서 '스트루프 과제'라고 부른다. 해 보면 알겠지만, 대부분은 이 테스트에서 실수는 저지르지 않는다. 그러나 작업을 진행하면서 머리를 싸쥐고 고민하는 사이에 왜 그렇게 당황하게 되는지 알게 될지도 모른다.

테스트에서는 색의 명칭이 컬러로 적혀 있다. 참가자는 단어의 의미가 색과 일치하지 않는 말이 적혀 있어도 그것을 무시하고 글자의 색을 말하도록 지시받는다. 가령 '빨강'이라고 적혀 있지만 글자의 색이 파란색이라면 파랑이라고 말해야 한다. 그림14(다음 페이지)의 테스트에 당신도 도전해 보기 바란다.

만약 당신이 색의 명칭을 말하는 작업에서 '막히는' 기분이 들었다면 말의 의미의 영향을 강하게 받는다는 뜻이다. 단어를 무의식적으로 읽

초록 파랑 검정 노랑 초록 빨강 파랑 검정 초록
노랑 빨강 파랑 검정 빨강 파랑 노랑 초록 빨강
검정 초록 노랑 빨강 파랑 빨강 노랑 빨강 초록
파랑 검정 초록 파랑 노랑 빨강 초록 검정 빨강
노랑 초록 파랑 검정 노랑 파랑 노랑 파랑 검정
초록 빨강 파랑 검정 빨강 노랑 빨강 초록 빨강
노랑 파랑 초록 빨강 검정 초록 노랑 초록
검정 초록 빨강 검정 노랑 파랑 빨강 초록 파랑
노랑 파랑 빨강 노랑 빨강 파랑 검정 노랑 파랑
초록 빨강 검정 초록 파랑 노랑 빨강 파랑
검정 빨강 노랑 초록 빨강 검정 초록 노랑 빨강
파랑 검정 빨강 초록 빨강 검정 파랑 초록 파랑 검정
노랑 파랑 빨강 노랑 검정 초록 노랑 빨강 파랑
검정 노랑 초록 파랑 빨강 검정 초록 노랑 빨강
파랑 검정 빨강 노랑 파랑 노랑 파랑 검정 파랑
노랑 파랑 파랑 검정 노랑 초록 파랑 검정
노랑 파랑 빨강 파랑 검정 노랑 파랑 초록 빨강
검정 초록 노랑 빨강 파랑 검정 빨강 노랑
초록 빨강 검정 초록 노랑 초록 파랑 검정 빨강
노랑 파랑 초록 파랑 검정 빨강 노랑 검정 빨강
초록 빨강 노랑 초록 파랑 노랑 파랑 초록
빨강 파랑 검정 빨강 노랑 빨강 초록 검정 파랑
빨강 노랑 빨강 검정 초록 노랑 초록 빨강
검정 노랑 초록 빨강 검정 초록 파랑 노랑
빨강 파랑 검정 빨강 노랑 파랑 검정 초록 파랑

그림14 스트루프 과제

고 '빨강'이라는 대답이 떠올라도 그것은 정답인 '파랑'과 양립하지 않는다. 틀리는 일은 거의 없지만, 문제가 이것과는 반대이거나(글자의 색을 무시하고 단어를 읽는다) 단어 대신 의미가 없는 기호이거나 이해할 수 없는 문자가 적혀 있을 때는 걸리는 시간도 줄어들고 노력도 그다지 필요하지 않게 된다. 이 테스트는 색의 명칭을 말하는 것보다는 정신적으로 피곤하지만, 단어(물론 자국어)를 읽을 때 무의식적으로 활성화되는 프로세스에 개입하는 효과는 더욱 강해진다.

가령 여러분이 지금 최면술에 걸렸다고(그리고 자기 공명 영상 장치에 누워 있다고) 가정하자. "제 목소리가 들릴 때마다 의미가 없는 기호가 몇 개 스크린에 나타날 것입니다. 그 기호를 자신이 모르는 외국어라고 생각하십시오. 의미를 생각해서는 안 됩니다."라는 목소리가 들린다. 이 경우 암시를 받기 쉬운 최면 상태에 있는 사람은 일반적인 조건으로 실험을 했을 때 볼 수 있는 효과가 나오지 않는다는 사실이 최근의 연구에서 밝혀졌다. 피실험자가 보는 것은 자국의 언어임에도 모르는 언어라고 생각하기 때문에 색의 명칭을 곧바로 대답할 수 있다. 한편 암시에 걸리지 않은 사람은 앞에서 소개한 효과가 나타나기 때문에 색의 명칭을 말하기까지 상당한 시간이 걸린다.

이 실험은 두 그룹의 피실험자의 뇌를 이미징 기법으로 관찰하면서 실시되었다. 그리고 뇌 속에서 활성화된 부위(특히 전측 대상회 피질. 이곳은 인지상의 갈등을 억제해 오류를 차단하는 중요한 역할을 한다)를 비교해 보니 최면 상태인 사람은 읽는 역할을 하는 뇌의 부위가 활성화되어 있지 않았다. 경쟁하는 두 시스템 중 한쪽이 쉬어 버리면 테스트에 대한 대답이 더욱 빠르고 원활하게 나온다는 뜻이다.

'스트루프 과제'에서 살펴 보았듯이 무의식적이고 직감적인 프로세스를 관리하는 시스템 1과 고도의 인지 작업을 담당하는 시스템 2는 종종 서로 개입을 한다. 그러나 한쪽이 없으면 다른 쪽도 완전히는 작동하지 않는다. 일상생활, 인간관계, 매일의 결정, 그리고 경제와 관련된 선택을 적절히 하며 지혜롭게 살기 위해서는 감성이나 감정이 가져오는 정보도, 추상적이고 논리적인 작업도 똑같이 중요한 것이다.

우리의 선택이나 행동의 질은 이 두 시스템의 줄다리기에 따라 결정된다. 뇌가 양자 사이의 갈등을 어떻게 관리하는지, 그리고 특히 시스템 1의 충동적이고 무의식적이며 재빠른 반응을 억제해 활개 치지 말아야 할 곳에서는 활개 치지 않도록 잘 조절할 수 있느냐에 달려 있다. 이것은 달리 말하면 '생각하는 것에 관해 생각하는 것'으로, 감정의 분야에도, 추론에 따른 인지 프로세스의 힘과 한계에도 적용된다. 생각하는 것은 무의식적인 반응의 결과를 제거하거나 고쳐 쓰는 데 도움이 될 뿐만 아니라 그런 결과를 내지 않기 위한 힘도 된다. 그런 의미에서 생각할 때, 자성을 통해 자신의 한계에 대한 자각을 강화하는 것은 합리성을 그만큼 강화하는 길이 된다.

당신이 지금까지 이 책을 읽어 왔다면 우리가 오류를 저지르는 이유는 몰라서가 아니라 모르는데 안다고 생각하기 때문임을 이해할 수 있었을 것이다. 오류를 줄이기 위해 오류를 인정한다는 것은 이 세상의 생물이

가지고 있지 않은 인지 능력을 가지고 있다고 생각하지 않고 자신의 한계를 솔직하게 인정한다는 뜻이다. 또한 일상의 감정이 잘 해결한 것처럼 보이는 여러 가지 사례(개중에는 재미있는 것도 있다)에서 함정을 발견하는 기술을 익히고 책임 있는 경제적, 사회적 선택을 한다는 것이다. 그럴 수 있다면 우리의 감정적 약점과 합리성의 한계를 이용해 몰래 이익을 차지하려 하는 무리의 먹잇감도 되지 않을 수 있을 것이다.

우리의 뇌는 어리석으며 쉽게 흥분한다(게다가 다소 게으름뱅이이기도 하다). 찰리 브라운은 빨간 머리 소녀에게 말을 걸기 전에 심호흡을 해서 마음을 가라앉힌다. 당신도 조금만 참으면 시스템 1의 활동을 억제하고 시스템 2를 활성화시킴으로써 판단이나 선택을 하기 직전에 머리가 냉정해지기를 기다릴 수 있을 것이다. 분명히 쉬운 일은 아니지만, 빠지기 쉬운 인지의 함정을 구분할 수 있게 되면 절반쯤은 성공한 것이나 다름없다. 남은 것은 다음 테스트로 넘어가는 것뿐이다. 공교롭게도 그 테스트는 이 책이 아니라 당신이 사는 세상 속에 있다.

옮긴이 김정환

건국대학교를 졸업하고 일본외국어전문학교 일한통번역과를 수료했다.
현재 번역 에이전시 엔터스코리아 출판기획 및 일본어 전문 번역가로 활동하고 있다.
주요 역서로는『경영전략 논쟁사』,『경영에 불가능은 없다』,『사업에 불가능은 없다』,
『일과 인생에 불가능은 없다』,『손정의 열정을 현실로 만드는 힘』,『돈 버는 회계노트』,
『스티브잡스의 명언50』,『은행에서 절대 알려주지 않는 돈 투자의 비밀』,
『앞으로 데이터 분석을 시작하려는 사람을 위한 책』 등 다수가 있다.

경제는
감정으로 움직인다

1판 1쇄 인쇄 2015년 7월 1일
1판 1쇄 발행 2015년 7월 10일

지은이 마테오 모텔리니
옮긴이 김정환
발행인 문정신
발행처 북스넛
등록 제1-3095호.
주소 서울시 양천구 목동 중앙로5길 43-6 한강빌 1층
전화 02-325-2505
팩스 02-325-2506

ISBN 978-89-91186-88-0 03320